SITEJIAOYUXILIECONGSHU

与学生谈青春期健康

《“四特”教育系列丛书》编委会　编著

吉林出版集团股份有限公司
全国百佳图书出版单位

图书在版编目 (CIP) 数据

与学生谈青春期健康 / 《"四特"教育系列丛书》编委会编著 . —长春：吉林出版集团股份有限公司，2012.4
（"四特"教育系列丛书 / 庄文中等主编 . 与学生谈生命与青春期教育）
ISBN 978-7-5463-8639-3

I. ①与… Ⅱ . ①四… Ⅲ . ①青春期－健康教育 Ⅳ . ① G479

中国版本图书馆 CIP 数据核字（2012）第 044177 号

与学生谈青春期健康
YU XUESHENG TAN QINGCHUNQI JIANKANG

出版人 吴　强
责任编辑 朱子玉　杨　帆
开　　本 690mm × 960mm 1/16
字　　数 250 千字
印　　张 13
版　　次 2012 年 4 月第 1 版
印　　次 2023 年 2 月第 3 次印刷

出　　版 吉林出版集团股份有限公司
发　　行 吉林音像出版社有限责任公司
地　　址 长春市南关区福祉大路 5788 号
电　　话 0431-81629667
印　　刷 三河市燕春印务有限公司

ISBN 978-7-5463-8639-3　　定价：39.80 元

前　言

学校教育是个人一生中所受教育最重要组成部分，个人在学校里接受计划性的指导，系统地学习文化知识、社会规范、道德准则和价值观念。学校教育从某种意义上讲，决定着个人社会化的水平和性质，是个体社会化的重要基地。知识经济时代要求社会尊师重教，学校教育越来越受重视，在社会中起到举足轻重的作用。

“四特教育系列丛书”以“特定对象、特别对待、特殊方法、特例分析”为宗旨，立足学校教育与管理，理论结合实践，集多位教育界专家、学者以及一线校长、老师们的教育成果与经验于一体，围绕困扰学校、领导、教师、学生的教育难题，集思广益，多方借鉴，力求全面彻底解决。

本辑为“四特教育系列丛书”之《与学生谈生命与青春期教育》。

生命教育是一切教育的前提，同时还是教育的最高追求。因此，生命教育应该成为指向人的终极关怀的重要教育理念，它是在充分考察人的生命本质的基础上提出来的，符合人性要求，是一种全面关照生命多层次的人本教育。生命教育不仅只是教会青少年珍爱生命，更要启发青少年完整理解生命的意义，积极创造生命的价值；生命教育不仅只是告诉青少年关注自身生命，更要帮助青少年关注、尊重、热爱他人的生命；生命教育不仅只是惠泽人类的教育，还应该让青少年明白让生命的其它物种和谐地同在一片蓝天下；生命教育不仅只是关心今日生命之享用，还应该关怀明日生命之发展。

同时，广大青少年学生正处在身心发展的重要时期，随着生理、心理的发育和发展、社会阅历的扩展及思维方式的变化，特别是面对社会的压力，他们在学习、生活、人际交往和自我意识等方面，都会遇到各种各样的心理困惑或问题。因此，对学生进行青春期健康教育，是学生健康成长的需要，也是推进素质教育的必然要求。青春期教育主要包括性知识教育、性心理教育、健康情感教育、健康心理教育、摆脱青春期烦恼教育、健康成长教育、正确处世教育、理想信念教育、坚强意志教育、人生观教育等内容，具有很强的系统性、实用性、知识性和指导性。

本辑共20分册，具体内容如下：

1.《与学生谈自我教育》

自我教育作为学校德育的一种方法，要求教育者按照受教育者的身心发展阶段予以适当的指导，充分发挥他们提高思想品德的自觉性、积极性，使他们能把教育者的要求，变为自己努力的目标。要帮助受教育者树立明确的是非观念，善于区别真伪、善恶和美丑，鼓励他们追求真、善、美，反对假、恶、丑。要培养受教育者自我认识、自我监督和自我评价的能力，善于肯定并坚持自己正确的思想言行，勇于否定并改正自己错误的思想言行。要指导受教育者学会运用批评和自我批评这种自我教育的方法。

2.《与学生谈他人教育》

21世纪的教育将以学会“关心”为根本宗旨和主要内容。一般认为，“关心”包括关心自己、关心他人、关心社会和关心学习等方面。“关心他人”无疑是“关心”教育的最为重要的方面之一。学会关心他人既是继承我国优良传统的基础工程,也是当前社会主义精神文明建设的基础工程,是社会公德、职业道德的主要内容。许多革命伟人,许多英雄模范,他们之所以有高尚境界,其道德基础就在于"关心他人"。本书就学生的生命与他人教育问题进行了系统而深入的分析和探讨。

3.《与学生谈自然教育》

自然教育是解决如何按照天性培养孩子,如何释放孩子潜在能量,如何在适龄阶段培养孩子的自立、自强、自信、自理等综合素养的均衡发展的完整方案,解决儿童培养过程中的所有个性化问题,培养面向一生的优质生存能力、培养生活的强者。自然教育着重品格、品行、习惯的培养;提倡天性本能的释放;强调真实、孝顺、感恩;注重生活自理习惯和非正式环境下抓取性学习习惯的培养。

4.《与学生谈社会教育》

现代社会教育是学校教育的重要补充。不同社会制度的国家或政权,实施不同性质的社会教育。现代学校教育同社会发展息息相关,青少年一代的成长也迫切需要社会教育密切配合。社会要求青少年扩大社会交往,充分发展其兴趣、爱好和个性,广泛培养其特殊才能,因此,社会教育对广大青少年的成长来说,也其有了极其重要的意义。本书就学生的生命与社会教育问题进行了系统而深入的分析和探讨。

5.《与学生谈创造教育》

我们中小学实施的应是广义的创造教育,是指根据创造学的基本原理,以培养人的创新意识、创新精神、创造个性、创新能力为目标,有机结合哲学、教育学、心理学、人才学、生理学、未来学、行为科学等有关学科,全面深入地开发学生潜在创造力,培养创造型人才的一种新型教育。其主要特点有:突出创造性思维,以培养学生的创造性思维能力为重点;注重个性发展,让学生的禀赋、优势和特长得到充分发展,以激发其创造潜能;注意启发诱导,激励学生主动思考和分析问题;重视非智力因素。培养学生良好的创新心理素质;强调实践训练,全面锻炼创新能力。本书就学生的生命与创造教育问题进行了系统而深入的分析和探讨。

6.《与学生谈非智力培养》

非智力因素包含:注意力、自信心、责任心、抗挫折能力、快乐性格、探索精神、好奇心、创造力、主动思索、合作精神、自我认知……本书就学生的非智力因素培养问题进行了系统而深入的分析和探讨,并提出了解决这一问题的新思路、可供实际操作的新方案,内容翔实,个案丰富,对中小学生、教师及家长均有启发意义。本书体例科学,内容生动活泼,语言简洁明快,针对性强,具有很强的系统性、实用性、实践性和指导性。

7.《与学生谈智力培养》

教师在教学辅导中对孩子智力技能形成的培养,应考虑智力技能形成的阶段,采取多种教学措施有意识地进行。本书就学生的智力培养教育问题进行了系统而深入的分析和探讨,并提出了解决这一问题的新思路、可供实际操作的新方案,内容翔实,个案丰富,对中小学生、教师及家长均有启发意义。本书体例科学,内容生动活泼,语言简洁明快,针对性强,具有很强的系统性、实用性、实践性和指导性。

8.《与学生谈能力培养》

真正的学习是培养自己在没有路牌的地方也能走路的能力。能力到底包括哪些内容?怎样培养这些能力呢?本书就学生的能力培养问题进行了系统而深入的分析和探讨，并提出了解决这一问题的新思路、可供实际操作的新方案，内容翔实，个案丰富，对中小学生、教师及家长均有启发意义。本书体例科学，内容生动活泼，语言简洁明快，针对性强，具有很强的系统性、实用性、实践性和指导性。

9.《与学生谈心理锻炼》

心理素质训练在提升人格、磨练意志、增强责任感和团队精神等方面有着特殊的功效，作为对大中专学生的一种辅助教育方法，不仅能够丰富教学内容，改革教学模式，而且能使大学生获得良好的体能训练和心理教育，增强他们的社会适应能力，提高他们毕业之后走上工作岗位的竞争力。本书就学生的心理锻炼问题进行了系统而深入的分析和探讨。

10.《与学生谈适应锻炼》

适应能力和方方面面的关系很密切，我认为主要有以下几个方面：社会环境、个人经历、身体状况、年龄性格、心态。其中最重要是心态，不管遇到什么事情，都要尽可能的保持乐观的态度从容的心态。适应新环境、适应新工作、适应新邻居、适应突发事件的打击、适应高速的生活节奏、适应周边的大悲大喜，等等，都需要我们用一种冷静的态度去看待周围的事物。本书就学生的社会适应性锻炼教育问题进行了系统而深入的分析和探讨。

11.《与学生谈安全教育》

采取广义的解释，将学校师生员工所发生事故之处，全部涵盖在校园区域内才是，如此我们在探讨校园安全问题时，其触角可能会更深、更远、更广、更周详。

12.《与学生谈自我防护》

防骗防盗防暴与防身自卫、预防黄赌毒侵害等内容，生动有趣，具有很强的系统性和实用性，是各级学校用以指导广大中小学生进行安全知识教育的良好读本，也是各级图书馆收藏的最佳版本。

13.《与学生谈青春期情感》

青春期是花的季节，在这一阶段，第二性征渐渐发育，性意识也慢慢成熟。此时，情绪较为敏感，易冲动，对异性充满了好奇与向往，当然也会伴随着出现许多情感的困惑，如初恋的兴奋、失恋的沮丧、单恋的烦恼等等。中学生由于尚处于发育过程中，思想、情感极不稳定，往往无法控制自己的情绪，考虑问题也缺乏理性，常常会造成各种错误，因此人们习惯于将这一时期称作“危险期”。本书就学生的青春期情感教育问题进行了系统而深入的分析和探讨。

14.《与学生谈青春期心理》

青春期是人的一生中心理发展最活跃的阶段，也是容易产生心理问题的重要阶段，因此要关注心理健康。本书就学生的青春期心理教育问题进行了系统而深入的分析和探讨，并提出了解决这一问题的新思路、可供实际操作的新方案，内容翔实，个案丰富，对中小学生、教师及家长均有启发意义。本书体例科学，内容生动活泼，语言简洁明快，针对性强，具有很强的系统性、实用性、实践性和指导性。

15.《与学生谈青春期健康》

青春期常见疾病有，乳房发育不良，遗精异常，痤疮，青春期痤疮，神经性厌食症，青春期高血压，青春期甲状腺肿大，甲型肝炎等。用注意及时预防以及注意膳食平衡和营养合理。本书就学生的青春期健康教育问题进行了系统而深入的分析和探讨，并提出了解决这一问题的新思路、可供实际操作的新方案，内容翔实，个案丰富，对中小学生、教师及家长均有启发意义。本书体例科学，内容生动活泼，语言简洁明快，针对性强，具有很强的系统性、实用性、实践性和指导性。

16.《与学生谈青春期烦恼》

青少年产生烦恼的生理原因是什么？青少年的烦恼有哪些？消除青春期烦恼的科学方法有哪些？本书就学生如何摆脱青春期烦恼问题进行了系统而深入的分析和探讨，并提出了解决这一问题的新思路、可供实际操作的新方案，内容翔实，个案丰富，对中小学生、教师及家长均有启发意义。本书体例科学，内容生动活泼，语言简洁明快，针对性强，具有很强的系统性、实用性、实践性和指导性。

17.《与学生谈成长》

成长教育的概念，从目的和方向上讲，应该是培育身心健康的、适合社会生活的、能够自食其力的、家庭和睦的、追求幸福生活的人；从内容上讲，主要是素质及智慧的开发和培育。人的内涵最根本的是思想，包括思想的内容、水平、能力等；外显的是言行、气质等。本书就学生的健康成长问题进行了系统而深入的分析和探讨，并提出了解决这一问题的新思路、可供实际操作的新方案，内容翔实，个案丰富，对中小学生、教师及家长均有启发意义。

18.《与学生谈处世》

处世是人生的必修课，从小要教给孩子处世的技巧，让孩子学会处世的智慧，这对他们的成长至关重要。本书从如何做事、如何交往、如何生活、如何与人沟通、如何处理自己的消极情绪等十个方面着手，力图把处世的智慧教给孩子，让孩子学会正确处理复杂的人际关系。本书体例科学，内容生动活泼，语言简洁明快，针对性强，具有很强的系统性、实用性、实践性和指导性。

19.《与学生谈理想》

教育是一项育人的事业，人是需要用理想来引导的。教育是一项百年大计，大计是需要用理想来坚持的。教育是一项崇高的事业，崇高是需要用理想来奠实的。学校没有理想，只会急功近利，目光短浅，不能真正为学生终身发展奠基；教师没有理想，只会自怨自艾，早生倦怠，不会把教育当作终身的事业来对待。学生没有理想，就没有美好的未来。本书就学生的理想信念问题进行了系统而深入的分析和探讨，并提出了解决这一问题的新思路、可供实际操作的新方案，内容翔实，个案丰富，对中小学生、教师及家长均有启发意义。

20.《与学生谈人生》

人生观是对人生的目的、意义和道路的根本看法和态度。内容包括幸福观、苦乐观、生死观、荣辱观、恋爱观等。它是世界观的一个重要组成部分，受到世界观的制约。本书就学生如何树立正确的人生观问题进行了系统而深入的分析和探讨，并提出了解决这一问题的新思路、可供实际操作的新方案，内容翔实，个案丰富，对中小学生、教师及家长均有启发意义。本书体例科学，内容生动活泼，语言简洁明快，针对性强，具有很强的系统性、实用性、实践性和指导性。

由于时间、经验的关系，本书在编写等方面，必定存在不足和错误之处，衷心希望各界读者、一线教师及教育界人士批评指正。

编者

目　录

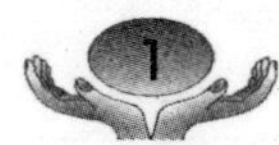

第一章

做最好的自己

第一节　创造自我高度

1. 正确认识自我

唐太宗说：以铜为镜，可以正衣冠；以古为镜，可以知兴替；以人为镜，可以明得失。如果想要知道自己的外貌，可以照镜子，从镜子中看到真实的自我形象。了解历史可以懂得过去，但如果想要认识自己的能力和性格，仅仅以他人为镜是不够的。

常常会有一些青少年这样说：“有时候，我觉得自己很能干，很聪明。但有时候我又会觉得自己很笨，连一件小事都做不好。我究竟是聪明的还是笨的呢?”发出这种感慨的人，其实是没有正确的认识自我而已。

青少年对自我认识是否全面、正确，对他的生活和发展有着十分重要的意义。如果一个人看不到自己的价值，就会对自我失去信心，产生自卑感，一方面失去了生活的力量，另一方面一旦遇到失败和挫折就会一蹶不振。如果一个人只看到自己的长处，看不到自己的缺点和弱点，就会盲目自信，夸大自我，目空一切。因此只有全面、正确地认识自己，才能保证一个人的个性健全良好地发展。

客观地认识自己

古人云：“人贵有自知之明。”这说明正确认识自己是相当困难的。青少年在正确认识自己的困难的时候，一方面在于对自己的心理

的了解，因为它常常不能像测量自己的血压、身高那样有一个客观的尺度。即使借助于心理测量，一般人也难以掌握。

腊帕尔纳索斯山南坡上，有一个驰名整个古希腊世界的戴尔波伊神庙，这座神庙是一组石造建筑物。在这个神庙入口处的一块石头上刻有两个词，用今天的话来讲就是：认识你自己！

古希腊的哲学家苏格拉底最爱引用这句格言教育他的学生，因此，后人往往错误地认为这是苏格拉底说的话。这句话当时被人们认为是阿波罗神的神谕，其实是家喻户晓的一句民间格言，是希腊人民的智慧结晶，后来才被附会到大人物或神灵身上去的。

有句古语是这样说的："画龙画虎难画骨，知人知面不知心。"人心难测，知人难，为人知更难。而要知己，则是难上加难。所以有"人贵在自知之明"之说。

诚然，一个人要想真正的了解自己，认识自己，又谈何容易？一辈子不认识自己而做出了可悲之事的大有人在。在今天，还有很多人正是由于不认识自己，不充分理解今天这个社会中的情况，而受不得一点点挫折、打击，悲观、失望、苦恼、抱怨、彷徨，终日在唉声叹气、无所事事中把时光轻易地放走。

所以，青少年朋友一定要及早的、客观的认识自我，不要在年年岁岁中虚以度日。古人云："知己知彼，百战不殆。"西方人说："自己的鞋子，自己知道紧在哪里"； "不会评价自己，就不会评价别人。"；希腊人说："最困难的事情就是评价自己。"可见，认识自己是一个永恒的话题，在古今中外都十分受到重视。

但是，认识自己并不是一件容量的事，需要对自己有一个最起码的认识，是做人的一个最起码的要求。而对于有些人来说，自己是什么样的人，只有自己不知道。由于难得有一个真实的参照系来评估自己，所以，我们往往能够很自信的干傻事。

认识你自己吧！虽然这是困难的，然而，一个人要想有一番作为的话，正确的认识自己是一个最基本的要求。或者，你可能解不出那样多的数学难题，或记不住那样多的外文单词，但你在处理班级事务方面却有特殊的本领，能知人善任、排难解纷，有高超的组织能力；你的数理化也许差一些，但写小说、诗歌却是个能手；也许你分辨音律的能力不行，但有一双极其灵巧的手；也许你连一张桌子也画不像，但是有一副动人的歌喉……

在认识到自己长处的前提下，扬长避短，认准目标，抓紧时间把学习或者工作做好，久而久之，自然会水到渠成。

认清自己的优势

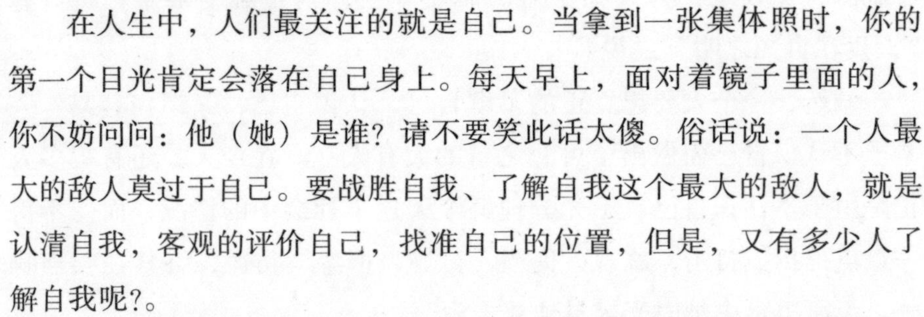

在人生中，人们最关注的就是自己。当拿到一张集体照时，你的第一个目光肯定会落在自己身上。每天早上，面对着镜子里面的人，你不妨问问：他（她）是谁？请不要笑此话太傻。俗话说：一个人最大的敌人莫过于自己。要战胜自我、了解自我这个最大的敌人，就是认清自我，客观的评价自己，找准自己的位置，但是，又有多少人了解自我呢?。

认识自我，就是要客观地评价自己，既不高估自己，也不贬低自己。认识自我，就是要认识自己的优势、劣势，自己的与众不同和发展潜力。认识自我，就是要认识自己的心理特点，认识自己的理想、价值观、兴趣爱好、能力、性格等心理特点。

英国的一个著名诗人济慈，他本来是学医的，可是后来无意中，他发现了自己有写诗方面的才能，所以，就当机立断改行写诗，而且在写诗的过程中，他很投入的用自己的整个生命去写诗。很不幸，他只活了二十几岁，但是，他却为人类留下了不朽的美丽诗篇。

马克思在年轻的时候，也曾想做一名伟大的诗人，也努力的写过一些诗。但是，他很快发现在这个领域里，他不是强者，他发现自己的长处不在这里，便毅然决然地放弃了做诗人的想法，转到理论研究上面去了。

试想一下，如果上面的两位大师都没有正确的认识自己，看清自己的话，那么英国至多不过增加一位不高明的外科医生济慈，德国至多不过增加一位蹩脚的诗人马克思，而在英国文学史和国际共产主义运动史上则肯定要失去两颗光彩夺目的明星。所以，认识你自己吧！无论做什么都要切切实实、脚踏实地去做，大而无当、好高骛远的想法一定要排除。

古人说："临渊羡鱼，不如退而结网。"青少年朋友，当你认识了自己之后，就应当坚定起来，让自己变成一个有思想、有韧性、有战斗力的强者，为了祖国的繁荣，为了国家的强大，为了自己的未来，在你选择的道路上一步一个脚印地走下去。

2. 换个角度看自己

不要终日为自己的满身优点而乐不可支，这会让你迷失方向，眼里看不到其他东西，也许错过的就是最美的，最宝贵的；也不要为了自己的一大堆缺点而郁郁寡欢，这样的人生永远也不会有快乐。青少年朋友应从少年时期就学会认真地审视自己、认识自己，从而提高自我认知能力。然而，想要更好地透析自己，把握人生，那就要学会从另外一个角度去看看自己，好好审视自己，从外表到言行举止，再到为人处事，你会发现，原来人无完人，你也有很多的缺点；你会发现原来你身上也不尽是缺点，你还有很多的闪光点，只是被心中的阴霾遮盖住了。换个角度看自己，让你警惕人生的陷阱；换个角度看自己，让你心情舒畅，让你重拾信心，阔步前进！

换个角度看“优缺”

卡丝·戴莉有着一副百灵鸟般的嗓音，她对音乐深深迷恋着，然而她的一口龅牙却让她困苦不已，因为只要她那美妙的歌声一出口，就注定要将口中十分难看的龅牙露出来。可是她对唱歌的激情仍然是有增无减，她从来都没有放弃过唱歌，她为了自己的梦想而努力着。所以她不断地参加各种歌唱比赛，希望从中得到认可。但是由于她总是顾及自己难看的龅牙，尽力避免将口张得太开，一方面要放声歌唱，一方面又极力掩饰，想方设法地把上嘴唇向下撇，好盖住暴出的牙，结果她的表情看起来十分可笑，所以她的歌唱表演往往以失败告终。屡次的失败让她渐渐对自己的歌声也产生了怀疑，她感到十分绝望。

在她为梦想拼尽最后一丝气力的时候，有一个评委的话改变了她的歌唱命运。这是唯一的一个发现她歌唱天赋的评委，评委告诉她：“我想每个看了你的表演的人都能看出你在掩饰什么，既然怎么遮也遮不住，何不放开点呢？你的确是一个唱歌的天才，但是如果你不能忘掉你的龅牙，它将会永远影响着你，排斥着成功。其实龅牙并不可怕，尽管张开你的嘴好了，只要你自己不引以为耻，投入的表演，观众就会喜欢你。”听了评委的话，她重拾了信心，渐渐地走出自己龅牙的生理缺陷，在一次全国大赛中，她极富个性化的演唱倾倒了观众，征服了评委，最终脱颖而出，并成为了美国著名歌唱家。不仅如此，她曾经痛恨至极的龅牙同她名字一样响亮，代表了她的个性和形象，成为她形象的一大特色，人们就像喜欢她的歌一样喜欢上了她的龅牙。

当代青少年难免也会有各种各样的烦恼，身体上的，心理上的，这样那样的残缺让你对生活失去信心。在面对自己的不足时，你们应该像审视卡丝·戴莉一样，换个角度去看问题。那满口龅牙只不过是小小的不足挂齿的缺陷，但是一旦被放大，就会酿成悲剧或灾难，当

你换个角度来看，这缺陷并不致命，或许完全可以忽略不计。人生的价值在于奉献和创造，在于完美人格的构建、灵魂的塑造和精神的升华。不要总是抱怨自己时运不济，觉得自己不能脱颖而出。先把眼光低下来，看看自己的平庸之处，甚至有缺陷的部分，只要善于发现，你完全可以从这些自认为丑陋的缺陷中找到自己有价值的东西。生命之花不只是开在温室中，丛林、原野、沼泽照样可以开出美丽的花，也许，你的缺陷、你的缺点也会为你生命的种子浇灌，开出鲜艳夺目的花朵。

换个角度看“命运”

曾经在一篇文章中看到这样的一段话：“人要学会从不同的角度去看自己，当你站在别人的角度看自己时，你会看到一个令人讨厌的、满是缺点和不足的你；当你站在明天的角度看自己时，你会看到一个懒惰的你，你总是把希望寄托在明天，任由生命的花朵枯萎；当你站在空中看自己时，你会看到一个渺小的你，庸庸碌碌像一个蜘蛛，困守在世俗的网里究竟是为谁忙碌？当你站在神的角度看自己时，你会看到一个自私的你！你一生给过多少人真心的关爱？为何要等到面对死亡才去后悔？”看过之后，的确令人发思深省。生命中，人难免会有或这或那的不足，没有谁是完美的；生活中，也总免不了磕磕碰碰，如果遇到不快而生气，遇到天灾人祸而痛不欲生，那人生就毫无幸福可言了。与其钻牛角尖还不如换个角度看自己，也是一种解脱，一种高层次的淡泊宁静，从而获得自由自在的乐趣。正所谓山因风雨而朗润，水因霜雪而澄澈，人生因遗憾而多姿多彩。不是有这样几句话么？“因祸得福”、“有得必有失，有失也必有得”，因此，换个角度看自己，换个角度看问题，人生中的悲欢离合也都是精妙的歌曲！

上帝在关上一扇窗子的同时，会再为你打开另一扇窗子。换个角

度思考，从中学时期开始感悟整个人生，从不同的角度去思考你的命运，那么你会变得更加开朗与乐观，比如吃了亏，有的人会很沮丧，有些人会说吃亏是福；看到自己有一个傻儿子，有人会觉得上天不公，有人就想傻人有傻福；丢了东西，有的人会说倒霉，有的人会说破财免灾，财去人安乐；生了女孩，有的父母会说自己怎么这么不争气，有的父母会说养女儿是福气，养儿子是名气……所以说，同样一件事情，只要肯换个角度看自己，就会认识到生活的苦与乐，取决于人的一种心境，取决于人对生活的态度，对事物的感受。学会换个角度看命运，生命会变得更有光彩，人生也会更有滋味！

青少年应该在起点上就比别人早一步学会站在另一个角度，看自己，看别人，看人生，看命运，只要你能看透就是一种境界，是一种真正的觉悟，一种升华，也是一种成熟。也许你会发现，原来自己并没有你想象得那么好，或者差，每个人都有自己的长处和短处，总看到别人的长处，自己就会觉得渺小，总看到别人的短处，自己就会觉得伟大。要学会综观别人与个人的优缺点，正视自己，正视现实，正视人生，正视命运。从另一个角度去寻找另一番精彩！

换个角度看自己，其实并不单单只是看，更重要的是看过之后的思考。只有思考后的得出有效的结论与行动，“看”才会变得有意义。

3. 不要轻易否定自己

温斯顿·丘吉尔说：“一个人绝对不可在遇到危险的威胁时，背过身去试图逃避。若是这样做，只会使危险加倍。但是如果立刻面对它毫不退缩，危险便会减半。决不要逃避任何事物，决不！”人的一生不可能事事都如人所愿，尤其是作为青少年，在困难面前，千万不要轻易将自己否定。

不要一味地只看到自己的缺点，却忽略了自身的优点，如果一味地否定自己，怀疑自己，放弃自己，只能是跟在别人的后面。只有充满自信地活出自我，保持自我本色的人，才能在生命的管弦乐中演奏出优美的乐曲，才能实现生命的价值。反之，否定自己的同时，就等于将成功一并抛弃了，然而机会不是随时为你准备的，你要做的是随时准备好挑战机会，一旦错过这次机会，下次就不知道要等到何年何月何日何时，因为对青少年来说，青春只有一次。

行不行，试过才知道

人世间万千生物，没有什么是十全十美的。人也好，物也好，都有各自的缺点，没有任何人和任何事物可以达到完美的境界。即使是这样，人们在看待问题时也要从整体出发，既要看到缺点，也要看到优点。眼中只看到优点而看不到缺点只会是自骄自傲自负，其后果必然是得意下的不思进取所造成的失败。但是过分谦虚也不好，连自己的优点都看不见，整日抱着自己的缺点唉声叹气，那你将永远生活在自卑中。自卑的人永远无法抓住成功的机会，因为自卑心理会时时刻刻告诉你："我不行"、"我肯定做不了"。这样的你又怎么能与成功画上等号呢？要知道，行，还是不行，不试怎么知道？

尝试是行动的开始，也是走向成功的第一步，勇敢地迈出这一步，成功将会变为可能。成功来自于对事物的好奇心与征服的欲望，当你对一个事物产生好奇心时，你就会总想着去研究它、钻研它、探索它。但是仅有好奇心是远远不够的，还要有足够的自信心和勇气去尝试。在征服一个事物的时候，它不会告诉你它会给你多少考验，为你制造多少困难险阻，这中间会有多少不可料及的事情发生，这个时候最能帮你的就是勇气与自信心。勇气帮你迈出脚步、突破自我，自信心帮你克服困难，战胜挫折。

世界伟大的发明家，人类的功臣爱迪生，可以说，他的一生就是在尝试中度过的。当他对生活中的一些现象产生好奇，并产生一系列想法的时候，他首先选择的是——试着去做。他尝试着去发明电灯，尝试着发明留声机，尝试着发明蓄电池，等等，结果均获成功。他的发明成果有*2000*多项，是当之无愧的“发明大王”。如果他因小时候人们对他的嘲笑而对自己失去信心和挑战自我的勇气，从而变得自卑，那他永远也不可能去尝试，也不可能不畏困难和挫折创造那么多的伟大发明。谈成功，更不可能。尝试最大的敌人是半途而废。科学界的人们信奉这样一句话：在一万次试验之后的那一次可能就是成功。这一万次，就是一万次的失败。成功就躲藏在无数次失败之后。失败的人，往往是做事半途而废、浅尝辄止的人。除了爱迪生以外，还有很多伟人、名人都在给世界的后人们上课，他们用行动，用成就向你们诉说人生的真谛，成功的秘诀。如莱特兄弟、达尔文、阿基米德、蔡伦、牛顿等等，他们的成功就说明了一个真理：只有想不到的，没有做不到的，只要你愿意尝试。

不要怀疑自己，学会肯定自己

很多人总是会对自己提出一大堆的疑问，“我行吗”？“我可以成功吗”？“别人都那么优秀，我怎么能竞争得过他们呢……”他们对自己的能力表示怀疑，尽管他们并没有想象中的那么糟糕。但是却与那些没有多少能力却很自信的人相差甚远。为什么这么说呢？归根结底是因为他们的怯弱，不自信，给了他人更多的机遇，提供了更广阔的发展空间。

也许你曾经的付出没有得到相应的回报；也许你曾经的自信被人当作“狂人”；也许你曾经的举动使你遭到他人的嘲讽，不要怕，要始终相信自己的路不是别人一两句话就能决定的，不要轻易否定自己

的能力，一时的得失并不能否定你的整个人生。若是“一朝被蛇咬，十年怕井绳”，那就会因怀疑而贬低自己的能力或价值。一个人自信心的丧失，无异于失去了前进的动力。每一个成功者都必须有承担挫折的心理素质与能力，做到胜不骄，败不馁，不因成败抬高或贬低自己，始终相信自己，坚信通过自己的努力最终能成功。正如某位诗人所说：“自信是石，敲击希望之火；自信是火，点亮熄灭的灯；自信是灯，照亮前行的路；自信是路，引你走向光明。”学会鼓励自己，学会为自己呐喊，学会为自己加油，因为一个人的信心无论在任何时候、任何环境里都可以发挥很大的威力。要把自信当成是一种习惯来培养，不论是在学习中，还是在生活中，它都可以助你一臂之力。自信地过每一天，当某天机会到来时，你会发现，原来你的潜力远远超出了想象中的那样。人生虽短，但多姿多彩。谁都不是十全十美的完人，只要尽力了，无憾的人生一样是精彩的人生。对自己多一份自信，还世界一个精彩！对人生多一些肯定，你的生命就会因此而变得不一样，人生因此而快乐，而自信起来，这份自信也可能为你打开成功的大门。

青少年，作为21世纪的新型人才，你们知道吗？轻易地将自己否定是对人生的失职，是对自己的不负责任。对自己的肯定让人自信，自信的人敢于尝试新的领域，能很快地开发自己的潜能与才华，因此更容易成功。快乐要求每个人必须用热情和自信来拥抱生活，不过分自大、自负，也不过分自卑。要懂得在把握好这个度的情况下，不断地充实自己、提高自己。俗话讲“艺高人胆大”、“有了金刚钻，才敢揽瓷器活”。没有能力、学识做基础，“自信”也只能是一句空话，只有全面发展才能赢得成功的资本，在日后的社会竞争中立于不败之地。

4. 走自己的路，让别人去说

生命是父母给予的，环境是先天注定的，而人生却是自己的，精彩与否，成功与否都要靠自己去创造，自己的人生要由自己负责。莎士比亚曾说过："走自己的路，让别人说去吧。"说的就是人要为自己而生活，不要活在别人的标准里；为别人的看法而去改变自己，这是很愚蠢的事。人活着不是为了别人，要敢于坚持自己所坚持的，相信自己所相信的，做自己想做的。

所谓为自己而生活就是：要为了自己的快乐、兴趣和人生目标而努力，不活在别人的价值观里；要善于发现自己的兴趣和特点，并在属于自己的道路上不断超越自己，追求成功，为自己能展翅飞翔赢得一片属于自己的天空。

坚持己见，活出精彩

很久很久以前，一对爷孙俩用驴驮着货物到镇上的集市去卖。很快货物就卖光了，爷孙俩高高兴兴地往回赶，孙子骑着驴，爷爷在旁边跟着走。刚出集市没多久就遇到两个老妇女，她们说："看这孩子真不像话，自己年纪轻轻的骑着驴，却让一个老人在地上跑。"老人听后连忙喊停，让孙子下来，然后自己骑上去，得意洋洋地继续上路了。又走没多远，一个孩子看见了，很生气地说："怎么会有这样的爷爷，自己骑驴，却让年幼的孙子跟在他后边跑。"老人想：这也不是，那也不是，那要怎么办？突然，他灵机一动，弯腰把孙子也抱上了驴，两人一起骑着驴回家。可还没起步，迎面就走来一个中年人，他摇着头自言自语地说："两个人骑一头小驴，也不怕把驴给压死了！可怜的畜生啊！"老人听了和孙子一起下来，爷爷、孙子、驴，各走各的。本想不会再招来议论，谁知他们在路过一片菜园时，几个种菜的看见了，说："有驴不骑，如今这世上还有这么笨的人哪！"爷爷摸摸脑袋，看看孙子，不知道怎么做才好。最后，爷孙俩找来绳子和木棍，把驴的四脚绑起来，用尽九牛二虎之力抬着驴往家走去……

余秋雨说：很多人总是很在意别人的手指，在意他们对你伸出的是大拇指，是食指，是中指还是小拇指，并以此来评判自己的行为，或左右自己的心情，其实没有必要，不要太在意别人的手势，权当他在做运动就好了，只要自己觉得无愧于心就好。驴本是用来供人使唤的，故事中的爷孙俩最后反而是用尽牛虎之力将驴抬了回去。驴虽然不用劳累赶路了，但也没能好受了，两个人倒是也累得不轻。这是一则寓言小笑话，在引人发笑的同时也让人沉思。人言虽可畏，但人言更需要鉴别。别人的意见有时只能作为参考，如果人人的话都要听，那么自己也将无所适从。其实，只要自己认为是对的、效果是好的、过程是开心的、结果是满意的，根本没必要太在意别人的看法。这也给当代青少年一个很好的警示，要知道最了解自己的人还是自己，旁人看到的只是一个片段或表象，没有一个人能完全的了解别人，他们仅仅是根据自己所见的不全面状况，说出自己的意见而已。如果太在意的话，只会影响你自己的决定，即使你按一个人的说法去做了，在另一个人看来你的所作所为却还是错的。由于每个人看问题的角度都有所不同，所以得出的结论也不尽相同，因此不管爷孙俩做出任何选择，在有些人的眼中都是错的，既然如此，还不如按自己的想法去做，勇敢地坚持自己的看法。

不论现实是怎样的，人要有最起码的一点"自负"，这样才能有负责人生的心力与霸气。只有相信自己，靠自己才能撑起头顶的一片天。如果连你自己都不相信自己，成功怎么会青睐你呢？你可能拥有满腔的热情与才能以及崇高的理想，可是你不能相信自己，不能放心

地把自己交给自己，那你永远也无法成功，永远也无法征服世界！

人生路，自己选择，自己走！

人生的路上会有许多的岔口，但其中也许只有一条是通往成功的路。选择时，要么自己根据个人情况来选择，要么就听从别人的建议，走别人为你选择的路。但是，如果自己不为自己的人生搏一回，是不是有一些遗憾呢？再说，并不见得别人的意见就是正确的，有很多失败者就是因为他们在犹豫之后选择了别人为自己选择的路，他们太在乎别人的看法，而不相信自己的判断。然而，别人挑选的终究不是自己熟知的，即使一路荆棘，一路伤痕，你也无力怨恨，因为这也是你的选择，你选择了别人的选择，而狠心地否定了自己。如果不能走出别人的阴影，那么你永远也无法真正感触到不远处阳光的照射，也许那就是成功的呼唤。

生活中，你做的每一个决定、每一件事，可能都得不到别人的一致认同，也不可能得到所有人的赞同。但是不能因为这样而不去做。当然，别人的意见固然重要，可能很多还是忠言逆耳，但思想终归是自己的，对与错，可行与不可行，稍稍成熟的人都应该有判断的能力。因此对别人的看法不要过分的在乎，过分的在乎就是对自己没有信心的表现。古希腊人曾经在阿波罗神庙的石柱上刻下“认识自己”作为神灵的谕示，就是提醒世人认清自我，审视自我，避免在别人的眼光中迷失道路。青少年也应该以此作为人生的座右铭，不要总是瞻前顾后，一味的犹豫浪费时间，害怕说错话、办错事，如果这些问题得不到及时的改善，那么，长大以后也会养成畏首畏尾、底气不足的不良习惯，这样既失去了展现自己才华的机会，也会与成功失之交臂。因此，不如在此时就努力改正过来，培养个人自主能力与判断能力。

成功者一般都是善于坚持的人，他们对于脚下的路充满了信心。

希腊有一句名言：经常问路的人，容易迷失方向。所以，凡是成功者从不随意听从别人。他们也不为大多数人的意见所左右，常常自己制定计划并付诸行动。失败的人大多只会在事后去后悔当初的摇摆不定，因此错失了大好机会。寻求成功就好像是在挖金矿，开采地点一旦选定就要用心去挖，也许别人会告诉你那是白费功夫，但你要做的只是坚持。你要相信自己不是毫无根据地找一片废地来采金的，也许再坚持一下，你就会看到地下闪耀着的金子的光芒，如果放弃，也许你离成功就只差那几毫米几厘米的距离。走自己选择的路，过快乐自在的人生，在永远的激情中去攀登高山，向顶峰行进。

路，自己选择，命运，自己去改变；路，在自己脚下，命运，把握在自己手中。而手与脚都长在自己身上，何必让别人去左右自己呢？天生我材必有用，每个人都应该是自己命运的主宰者。当然，相信自己并不是盲目执著，一意孤行；也并不是要你完全排除别人的意见与看法。凡事都必须有一个度，既不能过于自负，也不能盲从，而应全方面的认识自己。别人不会为他们的言行负责，也不会为你的失败负责。认识自己，把握机遇，人人都有机会成功！

5. 心态才是你真实的高度

马斯洛说："心态若改变，态度跟着改变；态度改变，习惯跟着改变；习惯改变，性格跟着改变；性格改变，人生就跟着改变。"

为什么有些人平时看起来并不是那么勤奋，却总是成绩突出。而有许多总是付出比别人更多的努力，却只能原地踏步、毫无进展。其实，人与人之间并没有多大的区别。不少心理学专家发现，这个秘密就是人的"心态"。一位哲人说："你的心态就是你真正的主人。"另一位伟人也说："要么你去驾驭生命，要么就是生命驾驭你。你的心

态决定谁是坐骑，谁是骑师。”有什么样的心态，就会有什么样的人生，也会有什么样的理想、目标、规划、个性。因此，作为*21*世纪的青少年，无论面对什么事情，都一定要拥有一个好的心态。

心态有多高，你就有多高

瓦伦达想必很多人都有所耳闻，他是美国一位优秀的高空钢索表演者。有一次，他在一个重大活动中进行表演。出乎意料的是这个重大让他失去了以往的从容，在上场之前，他不止一次的提醒自己：“这次比以往所有演出都重要，我没有退路，只有成功才会让所有人对我刮目相看。”然而，他却在表演过程中不幸坠地身亡。后来，记者在采访中才听到他的妻子说：多少表演了，瓦伦达从来都没有这样过。每次表演前，他总是专心致志的准备，并且总是想着如何走钢索，对于其他事从来都是两耳不闻的，更没有为成败担心过。而这次他太看重成功了，竟然付出了生命的代价。之后，这件事便成为心理学上的经典的“瓦伦达心态”案例。

看完这个案例，你是否会说，如果瓦伦达把这次比赛当作一个普通的比赛，他绝对不会丧身？的确，如果它可以像以往一样从容地面对，一定会顺利完成。但他却没有把自己的心态放好，没有把心态放到适合自己的位置，所以他失败了。

西方哲学家J·E·丁格曾如此说：“关键的不是我们在社会中所处的位置，而是我们的心态。”心态，才是你真实的高度。人的命运是完全由自己掌握的，面对同样一件事，你可以是欢天喜地，也可以是忧愁不已，这完全在于一个人的心态位置如何。生活多恬淡少浮躁，情绪多稳定少激动，人间多关爱少仇恨，为人多宽容少嫉妒……人生一定会变得更加美好。

的确，心态能使我们成功，也能使我们失败。试想一下，有考前

恐惧症、经不起打击而自寻短见、对一个老师恨之入骨、活着没有任何意思等不良心理的同学，他怎么会成为一个成功的人呢？就像人们常说的：你不能改变事实，但你可以改变心态；你不能改变环境，但你可以改变自己；你不能改变过去，但你可以改变现在。这之间的差别就在于你心态的位置，用正确的眼光看待自己，你就会有怎样的心态，你就会怎样的高度。

以平和的心态看自己

20 世纪 *70* 年代末的时候，在赫赫有名的德国哥廷根大学里，有一位名叫高斯的学生，当时他才 *19* 岁，却有着难得的数学天赋。每天，他都要完成老师布置的三道数学作业。这一天，他又专心的投入到了数学题。前面的两道题很顺利的就完成了，可是，第三道题，却让他思考了好久。这道题的要求是：只用圆规和一把没有刻度的直尺，画出一个正 *17* 边形。他用尽所学知识都没有得到一丝进展。直到最后，他决定用超出常规的方法去解答这道数学题。第二天，一进教室他就把作业交给了导师。导师看过第三题后，表现得十分惊奇，并不可思议的问道："这真的是你做出来的吗？"高斯回答："是我做出来的，我用了一整夜的时间才找出答案的。导师激动的欢呼着，并大声喊道："你解开的不仅仅是一个数学题，而是一个有两千多年历史的数学悬案！"原来，这位导师用了很多年的时间去解这道题最终都没有结果，而他最后也只是阴差阳错的把这道题交给了高斯。从此，高斯便被人们称为"数学王子"。多年以后，高斯回忆说："如果拿到这道题时就知道两千年来无人能解，我也许永远也没有信心解开它。"

不难看出影响我们人生的绝不仅仅是氛围，心态才是行动和思想控制者。任何成功者都不是天生的，成功的根本原因是开发了人的无穷无尽的潜能，只要你抱着积极心态去开发你的潜能，你就会有用不

完的能量，你的能力就会越用越强。因为，心态决定了你的视野、事业和成就。相反，如果你抱着消极心态，不去开发自己的潜能，那你只有叹息命运不公，并且越消极越无能。

一个人能否成功，就看他的心态。人在成功与失败之间的差别是：成功人士始终用最积极的思考、最乐观的精神和最辉煌的经验支配和控制自己的人生。失败者则刚好相反，他们的人生总是受过去的种种失败与疑虑引导支配。其实，我们的生活并不完美，但是也并不悲惨，只要把你的心态放在适合自己的高度，就可以开心地投入生活。

心态的高度，在很大程度上决定你的学习能否优秀，决定你的生活能否美好。可以说，如果我们想改变自己的世界，改变自己的命运，那么首先应该放好自己的心态。只要心态在合适的高度，我们的世界也会是光明的。

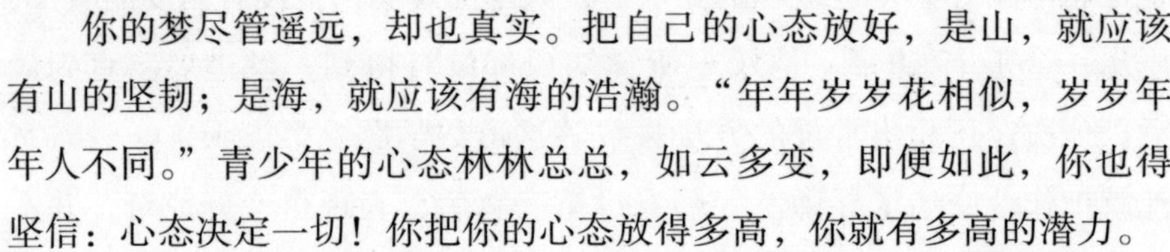

你的梦尽管遥远，却也真实。把自己的心态放好，是山，就应该有山的坚韧；是海，就应该有海的浩瀚。“年年岁岁花相似，岁岁年年人不同。”青少年的心态林林总总，如云多变，即便如此，你也得坚信：心态决定一切！你把你的心态放得多高，你就有多高的潜力。

“心有多大，舞台就有多大”，自己的心态自己做主，换个角度看自己，你就是“太阳”！

6. 自我认识与他人的期望

人活着就是要不断地超越自己，认清自己，自我认识是每个人选择自我人生道路的最基本的衡量标准。

当我们发现对自我的认识与他人的期望发生冲突时，便会感到痛苦，茫然不知所措。对此，当我们面对别人对自己的不同期望时，不要盲目的同意或者否定，一定要清醒地认清自我，只有这样，我们才不会被他人的观念，以及他人对自己的各种期望所左右，从而让自己活得快乐一些，从容地面对人生中遇到的各种困难。

如何认识自我与他人的期望

对自我的充分认识是实现个人理想的基础，然而，他人的期望则往往会与之相悖。

有这样一个故事：一个身处贫困家庭的考生，经过刻苦学习，以优异的成绩考上了自己梦寐以求的名牌大学。由于父母一心只想着他今后能够谋求到一份赚钱的职业，希望他能够上另外一所大学，最终他在填志愿时放弃了自己的理想。日常生活中，我们常常会由于他人对自己的期望，而放弃自己的原有想法，满足了他人，却委屈了自己。

“不以物喜，不以己悲。”宋朝诗人范仲淹以此来勉励后人，范仲淹之所以会有此等感悟，是因为他知道自己不会妥协于污浊不堪的腐败朝廷，世俗中的阿谀谄媚根本惑乱不了他的心智，追求高尚的“古仁人之心”的范仲淹，了解最真实的自我，从而摆脱了达官显贵对他的各种“期望”，潇洒地活出了真我。

依照他人的期望来要求自己，日后很可能会声名显赫，获取物质上的满足，却丧失了自我认识的能力，因此，很少有人能够活出真我。别人的赞美会使我们的虚荣心倍增，而别人的讽刺与挖苦，则会使我们的自尊心深受打击，使我们在内心萌发出一种前进的动力，向别人证明我们是最优秀的。在生活中我们总是生活在别人的期望之中，尽量去迎合别人的眼光，从不顾及自己的感受。当别人对你有所期望时，请你不要彷徨，不要惆怅。正确认识自我，做出适合自己的决定。不要让别人的思想束缚住自己，只有正确的认识自我，不再依赖于他人的思想，才会更加坚定自己的固有信念，到达梦想的彼岸。

人活着就是为了超越自己，但也要量力而行。在自己的能力范围内超越自己。我们不是为了别人而活，当自己的想法与别人的期望相矛盾时，应坚持自己的想法。

自我认识与他人期望的关系

每个人在成长过程中都会勾勒出自己人生旅途中的一道亮丽风景线。如果你是条河流，就不必在乎别人把你当成小溪；如果你是座峰峦，就不必在乎别人把你当成平地；如果你是春色，就不必为一瓣花朵的凋零而叹息。我们都是一道独特的风景，何必为了他人的期望而泯灭自己的个性？又何必因为他人对自己的讽刺与抱怨而终日消沉，活在痛苦之中呢？不可否认，别人有的意见也是出于为我们着想，但关心过度，事情就会朝着相反的方向进行。所以当我们遇到问题时，应从自己的观点出发，别人的意见仅供参考即可。

我们没有必要刻意去在乎别人的期望，不要过分去关注别人对自己的评价。在别人的期望与自我的认识之间寻找一个平衡点。寻求一种解决问题的最佳方案，既不让他人对你失望，也不让自己受委屈。

在现实生活中，自我认识与他人期望经常会不一致，这是正常的。

诸葛亮派马谡守街亭寄予很大期望，马谡根本没有真正认识自我，却自负地立下了军令状。由于只会纸上谈兵，不听王平等劝阻，执意上山布阵，还美其名曰“兵置于死地而后生”，最后被司马氏派兵团团围住，断了蜀军的粮道和水源，使蜀军不战自乱。马谡最终为自己一心想要满足诸葛亮的期望，忽视了自己的致命缺陷，而丧失了性命。

我们要相信自己的能力，找准自己的定位，信心满怀地去拼搏一番。定会看到水滴石穿、百川东流入海的壮阔，万紫千红、百花竞放的争妍，岩缝中的松柏伫立枯海旁的傲岸。自我认识与他人期望很难达到平衡状态，因为我们不是他人，所以肯定不会有完全相同的想法，也就不会有完全相同的期望。况且，对于他人和对于自己，总是有不同的看法的，这是毋庸置疑的。一个登山队员在参加攀登珠穆朗玛峰活动时，由于体力透支，在到达 8000 米的高度时，放弃了继续攀登的机会。后来他向人讲起这件事时，人们都觉得挺遗憾的，因为再坚持一下的话就可以到达终点了。人们不解地问：“为什么不坚持下去？为什么不再攀高一点？为什么不咬紧牙关？”那位登山队员非常坦诚的回答：“不，我很清楚自己能力的极限，在体力已经透支的情况下，8000 米是我攀登的最高极限，所以我没有什么遗憾。”

对于这些登山队员，我们应该给予鼓掌与喝彩，不为别的，仅仅为了他的自知之明和急流勇退精神，因为登山毕竟不是打仗，没有必要冒着生命的危险去完成任务。珠穆朗玛峰的海拔高度是 8848.13 米，他前面虽然仅剩下了 800 多米的距离，但这段路程是最具风险的，稍有不慎就会失去生命。在此时放弃，并不是懦弱退却而是量力而行。

第二节 克服人性弱点

1. 丢掉该丢掉的

有人说：放弃不该放弃的是无能，不放弃该放弃的是无知。在每一个人心灵的最深处，总会存放着许多的事，许多的人。比如一个心仪却无缘分的朋友，有了投入却无收获的感情，某种心灵的期望，某种思想。如果太执著，会是一种负担，而放弃这些该放弃的则是一种解脱。在这个世界上我们要面对现实，每一个人都是凡夫俗子，都没有能力和精力去拥有太多，也没有权力要求那么多。我们走过童年的纯真，少年的快乐，人才能渐渐长大，从多少次失败打击中长大，从多少次挫折坎坷中长大，也从自己多年的日记中长大。于是有了一个个的蓦然回首，知道有些事不能过于强求，有时要懂得放弃。

坚持并非是最好的结果

人总是喜欢争取一切自己看上的东西，总是下意识的认为只要自己争取了，就一定能成功，但却忘记了看看那个东西适合不适合自己。美丽别致的鞋子有时是不合脚的，当你撑足了面子，脚疼痛难忍，你想穿回原来那双合脚的鞋子时，你会发现你已再也找不到它的踪迹，后悔也为时已晚了。放弃是生活时时面对的清醒选择，学会放弃才能卸下人生的种种包袱，轻装上阵，安然地等待生活的转机，渡过风风雨雨；懂得放弃，才拥有一份成熟，才会活得更加充实、坦然和轻松。

生存在人世间，每一个人的一生都会或多或少有些无奈，如果我们有太多的放不下，就会有更多的无奈。放下就意味着释怀，释怀就意味着无忧无虑，这是佛家追求的一种理想境界，同样也是每一个人应该追求的。人生有太多的诱惑，有的人总是一头扎进去就不愿出来，不愿意丢掉这些本该放弃的东西，这样，他就只能在诱惑的漩涡中受伤；人生有太多的欲望，在这些欲望的驱使下，有的人就会拿起不该拿起的东西，舍不得放下，最终也就在人生的道路上迷失了方向。

在我们的日常生活中，总会有些事，在我们经过百般努力但成功却还是遥遥无期时，这时我们就要学会放弃，因为它是我们该放弃的，继续做下去只会给我们带来惨痛的失败，不妨换一个活法，换一种方式，或许这样我们才会惬意无比。如果我们在一次不经意中得到一个意外的便宜，在我们沾沾自喜之后，一定要赶快放弃，便宜的背后，往往潜藏着阴毒的杀气，会让我们跌进低谷，以至于遍体鳞伤。每一个人都是有感情的，如果我们很努力地去打动别人，却得不到他的一点热情，你不妨学会放弃，把你绵绵的情思，深深地藏在心底。因为那不是我们要争取的，那是我们应该放弃的，带着它只会让我们伤感，让我们伤痕累累。

如果你走进一条死胡同，你应该赶快放弃，必要的回头，会给你带来新的契机。如果你的成功已达顶峰，你更要学会放弃，急流勇退，给世人留下辉煌的记忆。如果费劲心思自己却不能开心，那又何必再坚持，其实放弃未必不是更好的结果！

丢掉该丢掉的，人生之大感悟

每个人总是希望有所得，以为拥有的东西越多，自己就会越快乐，越幸福。也正是这种被我们认为人之常情的东西迫使我们沿着要获得的路走下去。可有一天，我们忽然惊觉：我们的忧郁无聊、困惑，一

切不快乐、不幸福，都和我们的要求有关。我们之所以不快乐，是我们渴望拥有的东西太多了，或者，太执著了，不知不觉，我们已经执迷于某个事物上。无论你的名誉、地位、财富、亲情，还是你的烦恼、忧愁，都有很多该弃而未弃或该储存而未储存的。生活快乐的人懂得随时淘汰那些不再需要的东西，省去了集中处理的精力，使心中、使眼前也变得简洁明快。

人类本身就有喜新厌旧的癖好，都喜欢焕然一新的感觉，不学会放弃就无论如何也无法焕然一新。放弃会使你显得豁达豪爽。学会放弃也就成了一种境界，大弃大得、小弃小得、不弃不得。放弃会使你冷静主动，放弃会让你变得更智慧和更有力量。在生活中应该学会遗忘不如意的事，学会放弃生命中可有可无的东西，放弃该放弃的东西，心胸自会坦然。背着许多金银珠宝的富人，走遍千山万水难寻快乐。他向唱着山歌走来的衣衫褴褛的农夫讨教快乐的秘诀，农夫告诉他，只要把背负的东西放下就可以了。是啊，只要放下，就会快乐。

从前，有一个自认为很聪明的小伙子，他很要强，总是想在一切方面都要比别人强些，他最大的愿望就是成为一名大学问家。可是，一年一年的过去了，他的其他方面都不错，就是学业没有长进。他很苦恼，就去向一个禅师求教。

禅师说：“我带你上山吧，到了山顶你就会明白为什么了，也会知道该如何做了。”

那山上有许多晶莹的小石头，非常好看，小伙子也很喜爱这些小石头。每见到他喜欢的石头，大师就让他装进袋子里背着，很快，他就走不动了。

“师傅，再背，别说到山顶了，恐怕连动也不能动了。”他疑惑地望着禅师。

“是呀，那该怎么办呢？”禅师微微一笑，“该放下，不放下背着

石头咋能登山呢?”年轻人一愣,忽觉心中一亮,向大师道了谢便走了。之后,他一心做学问,进步飞快……

在我们的生活中,时刻都在取舍中选择,懂得放弃才有快乐,背着包袱走路总是很辛苦,只有懂得放弃该放弃的才能有更多精力去获得自己该得到的。其实,人要有所得必要有所失,只有学会放弃,才有可能登上人生的极致高峰。懂得了放弃的真意,静观万物,体会与世界一样博大的境界,我们自然会懂得适时地有所放弃!

每个人都是渴望索取,渴望着占有,常常忽略了舍,忽略了占有的反面——放弃。懂得了放弃的真意,也就理解了“失之东隅,收之桑榆”的妙谛。人生在世,有许多东西是需要不断放弃的。在仕途中,放弃对权力的追逐,随遇而安,得到的是宁静与淡泊;在淘金的过程中,放弃对金钱无止境的掠夺,得到的是安心和快乐;在春风得意、身边美女如云时,放弃对美色的占有,得到的是家庭的温馨和美满。

人们往往在各种诱惑中迷失了自己,从而跌入了欲望的深渊,把自己装入了一个个打造精致的所谓“功名利禄”的金丝笼里。葛朗台一生为金钱所累,不但自己没有得到期望的幸福,而且断送了自己妻子和女儿的幸福。相反,很多有志之士,视金钱如粪土,“不为五斗米折腰”,拥有“安能摧眉折腰事权贵,不得开心颜”的英雄豪气。人生在世,需要放弃的东西,岂止只有金钱,其实还有很多,比如:名誉、地位、职权。所谓“海纳百川,有容乃大;壁立千仞,无欲则刚”。如果我们真能做到“无欲无求”、“淡泊名利”,那么我们的人生就可以因轻松坦荡而快乐起来。

2. 旧的不去，新的不来

对于人生来说，追求美好的生活是人们共同的心愿。在现实生活中，每个人都和得失有着密切的关系，旧的去了新的来了。正是在这无数的重复之中，体会到了心情的变化，人生的喜怒哀乐。

作为青少年，失去固然令人心痛，也令人悲哀，但换种思维看，失去，何尝不是为了新的收获，再次的得到更新的知识吗？旧的不去，新的不来。多么耳熟能详的一句话，充满了生活的哲理与智慧。

在人生的历史长河中，每一个阶段都会有不同的得与失。青少年，正处在成长与成熟的过程中，送走了无数旧的过去，也得到了应该得到的现在。丧失了快乐的童年，迎来了激情的青春年代；丢弃了孩子时期的幼稚，向青春期过渡。

所以，从某种意义上来说，失去正是收获的开始。也可以说，失落是另一种收获。作为青少年，把一切都看得淡一些，不要把“失去”当成人生无限大的沮丧，也不要把“失去”当成人生中的大挫折和大失败。上帝对每个人都是公平的，他在为你关上一道门时一定会给你打开另外一扇窗！

旧的不去，新的是不会来的。所以，青少年们一定要在适当的时候懂得放手，原来的失去了前面还有一个全新的正等着。世界永远无尽头，人生自然要永远往前看，“失去”也就变得微不足道了。一切在变，不要执著于昨天的一切，应有从头再来的豪迈。

失去也是另一种获得

孟子曾说：鱼，我所欲也，熊掌亦我所欲也，二者不可得兼，舍鱼而取熊掌者也。这句话说得很明白，告诉我们鱼、熊掌不可得兼，

只能选择一样，这样一来我们就不得不失去一些东西。鱼和熊掌都是好的东西，在二者之间选择，你必然会失去一个，但你要明白，在你失去的时候，你又在重新获得。

有这么一则耐人寻味的故事：一个圆失去了自己的一部分，它再也不可以飞快奔跑，让人羡慕了，因此很沮丧，以为自己失去了一切。它艰难地挪动着身体，去寻找另一半。晚上，它与小草交谈，与明月共舞。它看到了一只小鸟从蛋壳中出来的情景，它体会到生命的伟大，它欣赏到潺潺的流水，它感受了阳光的温暖……

后来，这只残缺的圆发现：失去不一定是坏事，失去也会成为一种获得。残缺的圆失去了漂亮的外表，失去了惊人的速度，它沮丧、伤心。但在它寻找另一半的时候，它却获得了它从来都没有体会过的感情。它体会到了生命的伟大，它聆听到了大自然优美的乐章，它欣赏到了满天繁星的夜空，它感受到了阳光的温暖。它领悟到，失去就是一种获得。

世界上的一切都有着紧密的因果联系，没有失去，也有不会有后来得到的种种精彩。所以，该放弃的时候，迅速放弃是没有错的。

失去和得到，其实就在一个天平的两端，请尽量相信，这个天平是平衡的。英国的伟大诗人弥耳顿，最杰出的诗作是在双目失明后完成的；德国的伟大音乐家贝多芬，最杰出的乐章是在他的听力丧失以后创作的；世界级小提琴家帕格尼尼是个用苦难的琴弦把天才演奏到极致的奇人。然而这被称为世界文史上三大怪杰的三个人，居然一个是瞎子，一个是聋子，一个是哑巴！所以，换种心情，看待事物的来与去，得与失。人生没有绝对的事，失去也是另一种收获。我们被上帝堵塞住一条出路，却被获准另辟蹊径。失去了春天的葱绿，却得到了丰硕的金秋；失去了青春岁月，会使我们走进成熟的人生……

青少年们，放弃一点也不可惜，丢掉旧的，才能开始新的。这也

许看似喜新厌旧，其实执著更多的只是藏在内心深处。执著的是：不论面对怎样的人生，都要顽强的找寻自己生存的理由。正如那句话：活着只是要知道自己到底能走多远。

事实上，每个人都喜欢新事物，作为青少年，当然也不例外。为此，需要常常放弃旧的东西，站在另外一个角度来看，失去就是另外一种获得。

辞旧才能迎新

失去人们习以为常的东西，总觉得可惜。对于单纯的青少年来说，尤其如此。所以，有的人患得患失，总是很苦恼不已。他们对取舍疑虑不决，本来拥有一些自己并不需要而多余的东西，却又费尽脑汁想使这些东西不减反增。为这些终日烦恼，长此下去有损身心健康。与其担忧会失去，倒不如干脆利落地把它丢掉，从而换来了心情轻松和愉快，不是更好吗？

人生变化莫测，月亮即使有缺，也依然皎洁；人生即使有憾，也依然美丽。同样，在实际生活中，每个人又会有所失才能有所得，丢掉旧的，新的才会来。而那些不能舍弃别人都有的，便得不到别人都没有的。

有人认为失去就是一种痛苦，但它何尝不是一种幸福呢！受挫一次，对生活的理解便加深一层。命运向来都是公正的，在这方面失去了，就会在那方面得到补偿。当你感到遗憾失去的同时，可能有另一种意想不到的收获。举得起，放得下，叫举重；举不起，放不下，叫负担。对于青少年来说，做青少年喜欢做的事，并把它当成是一种乐趣，这样并不一定意味着生活过得轻松，反而给自己新的挑战，可以使自己的生活更加精彩。

然而，人们总在沉迷于那些失去的东西，从而造成思想上的压力，甚至肉体上的痛苦。其实，旧的不去，新的不来。青少年们，要知道拥有和失去是人生常有的事，人应该学会习惯于失去，并善于从失去中有所得，人生最难能可贵的特质在于明知道会失去，却仍勇于追求。而失去旧的，新的才会来。

青少年正处在人生的花季，思想感情正逐渐向成熟转变。有时候，有些东西不可避免地要失去，不管你愿不愿意。一旦失去了，也许是永远都无法挽回的。当你知道你已经失去它了，是在那里扼腕叹息呢，还是从丢失的背后寻找另一种得到呢？在这个世界上，生命的美丽不是因为美丽我们才活着，而是因为我们活着生命才变得美丽。祈祷，并不能改变上帝，而是改变祈祷的人。要知道，在这个世界上，人失去什么就会得到另一种补偿！所以，在失去后不要自责，要懂得欣赏另一种补偿。

3. 多一些宽容，少一些烦恼

《荀子·非相》中说：君子贤而能容罢，知而能容愚，博而能容浅，粹而能容杂。这是在告诉人们：君子贤能而能容纳无能的人，聪明而能容纳愚昧的人，知识渊博而能容纳孤陋寡闻的人，道德纯洁而能容纳品行驳杂的人。宽容往往是成大事者的必备品质。

对于青少年来说，宽容是一门必须要学习的课程。青少年之间的友谊交往，本是很单纯、美丽的，它凝聚着我们的思想、情感。但在其中难免会出现冲突，摩擦，往往就是一些鸡毛蒜皮的事，断送了一段美好的回忆、一次纯洁的友谊。其实，这些不愉快的结果，只是青少年不懂得宽容别人、谅解别人。待人处事，如果没有宽容，就没有友情，没有了宽容就失去了善。宽容是一种美德，一种修养，也是衡量一个人层次高低的标准。能够给别人一个改过自新的机会，同时也

让自己了却一些烦恼。学会了宽容，人世间便会多了几分温暖。

宽容是人格的升华

第二次世界大战期间，有一支军队在森林和敌人相遇了，于是一场激烈的战争爆发了。激战过后，有两名士兵和部队失去了联络，巧的是两个人来自同一个小镇，这让他们彼此靠得更紧了。他们在森林中艰难跋涉，互相鼓励、互相支持，就这样挺过了十几天，可依然联系不上部队。也许是因为战争，连动物们都不见踪影，他们随身带的食物已经吃完了，如果再没有猎物的话，他们很可能会被饿死。

也许是上天有好生之德，有一天，两人遇见了一只鹿，他们把鹿杀死后，靠着鹿肉又艰难地熬过了几天。比较年轻一点的战士把仅剩下的一点鹿肉背在了身上。不巧的是，他们又一次与敌军相遇，经过再一次交战，他们又幸运地避开了死神。就在自以为已经安全时，只听到一声枪响，走在前面的年轻的战士突然中了一枪，不过幸亏这一枪只是打在了肩膀上。后面的战士惊慌地跑了上来，他害怕得全身颤抖，说话也语无伦次，抱着战友的身体泪流不止，并赶快撕下衬衣为战友包扎伤口。

到了晚上，受伤的士兵一直很虚弱无力，他们都以为他们的生命要在这里结束了，这一关是闯不过去了，尽管饥饿难当，可是谁也没有动身边的鹿肉，连他们自己都不知道是如何度过了那个艰难的夜晚。第二天，奇迹出现了，他们和部队取得了联系，得救了。

30 年之后，当初受伤的战士回忆说：“其实我知道，就是我的战友向我开的枪，因为他在抱住我的时候，我感觉到他的枪管在发热，我到现在也不明白，他为什么会向我开枪，也许是想独吞鹿肉吧。但是当我看到他惊慌失措又悔恨无比地为我包扎伤口的时候，我就宽恕了他。此后的 *30* 年里，我也一直假装不知道此事，也再没有提起这件

事。战争的残酷让他的母亲没有等到他回来便辞世了，在我和他一起祭奠老人家的那一天，他向我跪下，求我原谅他，我没有让他继续说下去。我们又做了几十年的朋友。我用宽容换来了一段珍贵的友谊。”

多么伟大的宽容！简直可以说是荡气回肠，这位战士的宽容不禁让我们对他肃然起敬，此时他的人格魅力闪耀着无限的光芒。宽容真的是一种崇高的精神境界，一种充满智慧的处世之道。而现在的社会里，青少年似乎很少懂得宽容的涵义，只知道得理不饶人。和平的年代里也许不需要他们做出如此惊天动地的宽容，但对身边的人宽容却是义不容辞。

宽容别人，就是善待自己

每个人都会有和别人发生摩擦的时候，请时刻记住：学会宽容、善待他人。宽容是一种品质，令人钦佩敬仰，它不仅象征成熟，更代表了一种境界。年轻的朋友们更应该具备这种品质，让自己稚嫩的心变得更加成熟稳重。

在日常生活中，青少年往往对于家人所犯的错误更容易大动肝火，或者说更容易因为看不惯家人的某些做法而发脾气，这种行为真是让人痛心疾首。为什么就不能对家人宽容一些呢？俗话说：家和万事兴。而宽容就是“家和”的根基。是父母把你们带到了这个世界上，给了你们温暖的家庭，是兄弟姐妹伴着你们度过了青春年少，一起编织了梦幻般的童年，无论你面临怎样的困难，遇到怎样的挫折，始终都是家人在为你鼓气，你发脾气的时候有没有想到过这些呢？

所以，对家人宽容一些吧，宽容能让家庭成员相互信任和团结、相互理解和包容，从而让家庭更和睦、和谐。宽容父母的一点点唠叨，宽容他们稍显落后的生活习惯，让他们有一个幸福安乐的晚年生活，宽容和你情同手足的兄弟姐妹，这份血浓于水的亲情将更加弥足珍贵。

对家人多一些宽容，那你便拥有了一个能遮风避雨的港湾，风雨来临之时，你就可以放心地躲在里面，一切烦恼就请将它留在港湾之外。

除了对家人宽容，还要对朋友宽容。正处于意气风发的青少年朋友，总是很容易偏激、暴怒、盲目行动，甚至“疾恶如仇”，不懂得珍惜和朋友之间珍贵的友谊，屡次因为冲动而和朋友闹得不可开交，这些都是幼稚的表现。人生在世，能有一个志同道合的朋友相伴一生，这是多么得难能可贵！所以有句话说“财富不是一生的朋友，但朋友却是一生的财富”。虽然可能会发生争执，但都是建立在彼此真诚的基础上，有时候争吵还能让你们共同进步，所以对朋友要采取宽容态度，因为一点小事就牺牲友谊不是太不值得了吗？

对朋友多一些宽容，友谊之树才不会在时间老人的脚步里褪色，心灵之花也不会在季节的变幻里荒芜。朋友的指责、朋友的规劝以及朋友的犀利言词，只不过因为他想要帮助你改掉身上的缺点，这有错吗？即使朋友真的做错了什么，但只要心是真诚的，就应该宽容他。给朋友多一次宽容，就是给自己多一次机会。通过这一纽带，才会让你们更加同心协力地携手并进，不管以后的路是艰难还是困苦，总有一个人在身边陪伴，搀扶着你，这难道不是一种幸福吗？

对于还在学校读书的青少年来说，平时接触最多的人莫过于同学了。学校就像是一个大舞台，每一个同学就像是舞台上的演员，能不能把这台戏演好，就要看同学们之间是不是可以融洽的配合。如果你因为私下的恩怨而显得特立独行，那么就注定了这场戏的失败。对于同学，同样需要宽容。来自四面八方的人能在一块儿学习，这也是一种缘分，在朝夕相处中会有小小的摩擦在所难免，如果不能宽容视之，必定就会影响同学之间的和谐关系。

能够对同学宽容实际上也是为自己铺平一条道路，也许同学一句不经意的话触痛了你的心，但是你要相信他绝对不是故意的，能够宽

容他也会让他对你心存感激，多了一个关系要好的同学，自己的路当然就更好走一些。所以，在和同学相处的过程中，一定要学会互相谦让和包容，互相理解和支持，这样才能形成一个和谐的集体环境，同时也营造一个良好的学习环境。宽容能够带来这么多的好处，难道你还有理由拒绝吗？

法国作家雨果曾经说过：世界上最广阔的是海洋，比海洋更广阔的是天空，比天空更广阔的是人的胸怀。人的心就像一个有无限空间的盒子，只要你愿意，没有什么装不下。人生苦短，又何必把时间浪费在无谓的纷争上呢？与其让别人痛苦让自己烦恼，为什么不让自己活得更潇洒一些呢？多一些宽容，便少一些烦恼。

4. 别为小事自寻烦恼

生活中，我们常常被一些鸡毛蒜皮的小事情弄的心神不宁，但只要稍微琢磨一下，就不难发现这些事情根本就算不上什么。我们经常在那些小之又小的事情上较劲，把它们夸大了许多。比如说，行车途中，一位陌生人可能在我们前方堵住了去路，我们就跟那人争吵一番，事后了对别人讲怎么怎么倒霉。每天都会发生许多类似的“小事情”。不管是排队等候，还是听人家不公平的批评，如果我们学会不为小事自寻烦恼，那我们就会有巨大的回报。有多少人浪费掉生命中那么多的精力为小事而自寻烦恼，以致他们根本无法领略生活的魅力与美妙。如果你自觉朝这一目标努力，就会发现会有更多的精力使自己变得更和蔼更温柔！

青少年，你是否正在为额头上蹦出的青春痘、同学间的小摩擦、不太理想的分数而烦恼呢？这些小事无形中已经成为了你们生活的羁绊。烦恼中的你们做事情无精打采，它们不只浪费我们的时间，还败坏我们愉快的心情，最糟糕的是阻碍了我们成功的步伐。

成功为小事所羁绊

美国前总统富兰克林有一个习惯，每天晚上都把一天的情形重新回想一遍。经过一段时间的总结，他发现自己有13个很严重的错误，下面是其中的三项：浪费时间、为事烦恼、和别人争论发生冲突。聪明的富兰克林发现，除非他能够减少这些错误，否则不可能有所成就。所以他一个礼拜选出一项缺点来搏斗，然后把每一天的输赢做成记录。在下个礼拜，他另外挑出一个坏习惯，进行改正，再接下去做另一场战斗。

可见，要想成功就得摒弃不良的习惯，不要再为小事而烦恼。

罗伯特是一位刚刚毕业的大学生，由于正赶上经济大萧条，他好不容易才在一家小客栈找到一份在柜台值夜班和给马厩添饲料的工作。对这份工作，罗伯特刚开始时很是珍惜，但是渐渐地，他开始烦了，因为无论他多么努力，老板都不会对他露一丝笑脸，并且还常常被告诫："不可马虎，我可是天天都会查!"血气方刚的罗伯特哪受得了这种气。

半个月之后，和其他的雇员一样，他又开始了对午餐的抱怨，因为老板提供的唯一一顿午餐总是一成不变，每天都是两片牛肉熏肠、一点儿泡菜和一个粗糙的面包卷。"早晚有一天，我会把那两片熏肠和那一点泡菜拍到他的脸上去!"无处发泄之下，罗伯特冲着前来接他夜班的老人西格蒙德发起牢骚来，"真是太见鬼了，等大萧条一过，我会立刻卷铺盖离开这里!"前前后后，罗伯特一共嘟囔了20分钟，其中还夹杂着一些下流的脏话。在这20分钟里，西格蒙德老人一直用悲伤、忧郁的眼神看着他。西格蒙德是完全有理由悲伤和忧郁的——他曾经被关进过奥斯威辛集中营，并且受尽了折磨；他有多年不愈的肺病，常常整夜整夜地咳嗽。但是等罗伯特终于安静下来以后，他居然说出了这样一番话：“听着，罗伯特，你完全没必要这么烦躁。而你之所以会这样，是因为你犯了一个错误，不是熏肠，不是泡菜，不是老板，不是厨师，也不是这份工作!”

这番话从西格蒙德老人嘴里说出来，真是让罗伯特大吃一惊：“那你说，我有什么不对呢?”

“你的错误就在于：你认为你什么都懂，但你却连小小的挫折与真正的困难都分不清。我告诉你，假如你骑马摔断了脖子，或者整日填不饱肚子，或者每天一睁眼就不知道晚上是死是活，这才是难以对付的困难呢！生活本身就充满矛盾，祈求一切如意的人生那根本就是不可能。而学会区分什么是小的挫折，什么是大的困难，并且不为小事而发火，你才会真的长生不老。祝你晚安。”

人这一生，也就几十年。有的人活得非常累，而有的人却过着轻松美好的日子。人活着为了什么？就是图个幸福、快乐、健康。而有些人却非要事事计较，人们不快乐、生气、烦恼，常常是因为小事而折磨自己，做事太计较得失。其实，我们要抓住的是生命中最重要的东西，而不是生活的细枝末节。

你可以轻松躲开一头大象，却未必能躲过一只苍蝇。而生活和工作中的小事，却如同苍蝇一般数不胜数。因此，千万不要为小事抓狂，否则你的“大事”必将为“小事”所影响。

调整心态，保持从容

别自寻烦恼，也就是说别为鸡毛蒜皮的琐事与人计较长短，有理不妨让三分，这样就会避免许多无聊的是非干扰。万一生活中出现某种矛盾时，要学会自我排解，尽量不往心里去。不要把人与人之间的琐事当成是非。有些人常常在烦恼，就是因为他计较得多。多是负担，是另一种失去；少非不足，是另一种有余；舍弃也不一定是失去，而是另一种更宽阔的拥有。

《曾国藩家书》里说：静中细思，古今亿万年无有穷期，人生其间，数十寒暑仅须臾耳。大地数万里不可能极，人于其中寝处游息，昼仅一室耳，夜仅一榻耳。知天之长而吾所历者短，则于忧患横逆之来，当少忍以待其定；知地之大而吾所居者小，则遇名利争夺之境，当退让以守其雌。

看来，保持从容内心广大开阔，就可以不为小事而烦恼牵累。

在美国科罗拉多州长山的山坡上，有一棵大树，岁月不曾使它枯萎，闪电不曾将它击倒，狂风暴雨不曾将它动摇，但最后却被一群小甲虫的持续咬噬给毁掉了。人们有时不会被大石头绊倒，却会因小石子摔倒。

人生短暂，记住不要浪费时间去为小事而烦恼。也许我们多次原谅自己的许多大错，但是有时却对某一个小小的失误耿耿于怀，甚至抓住不放。想来何必呢？

其实天很蓝，阴云总要散；
其实海不宽，此岸连彼岸；
其实梦很浅，万物皆自然；
其实泪也甜，当你心如愿。

我相信此刻你快乐与否，看到这些话会让你感觉心情放松许多！

其实人活在这世界上只有尝尽酸甜苦辣才算经历一生，没有痛苦没有烦恼怎能懂得什么才叫快乐！

所以青少年朋友，你要学会调解自己的情绪，保持一颗从容的心，勇敢的生活。生命太短暂了，不要让小事绊住我们前进的脚步，不要让琐碎的烦恼浪费我们宝贵的时光。

烦恼是沙子，时间是筛子，用筛子漏掉沙子，石子就会陪你一辈子！青少年不要被芝麻小事缠绕得苦不堪言，生命太短暂了，不要让小事绊住你们前进的脚步，不要让琐碎的烦恼浪费你们宝贵的时光；要学会在这短暂的时光中善待好自己！

5. 缺憾也是一种美丽

俗话说：“人无完人，金无足赤。”世界上没有什么是十全十美的，通常人们所说的完美也只是相对而言的，因此，缺陷在我们的生活中无处不在。而人们常常说的“完美人生”其实也并不完美，正因为这种不完美才会使人有情感，正因为这种不完美才会使人不断前进。在弥补缺陷的过程中，当我们收获到意想不到的成果时，这其实何尝不是一种美呢！

事实上，每个人生活在这个世界上都不可能避免缺陷，只要你能坦然地面对缺陷，它就是美好的。也有人说：“不完美的人生才是最完美、最充实的人生。”只有这样才会利用自己的不完美把自己改造的更完美。如果你自认为你的人生是完美的，那你的人生也将会是没有意义的一生，因为你已经完美了，对其他的所有都无所谓了。可见，缺陷的确是一种美，即使不美也会变得更加完美。

懂得缺憾的美

心理学家指出：“一个先天的缺陷，往往会造就他后天在某一方面的成就。因此，这样的缺陷，被称为‘高贵的缺陷’。”也许你会说那些都是名人们，像我们这样的人有多少会有那样的幸运呢？其实并不是这样，同样生活在同一片蓝天下，每个人都有掌握自己命运的舵手，即使你有再大的缺陷也有可能扭转你的命运。

断臂的维纳斯刚被发现的时候，就轰动了世界。人们不仅为她的美所倾倒，更是因为她那失去的双臂而惋惜，同时也表示了无限的同情。

有一天，很多的雕塑家都收到了一封信，说如果谁能给维纳斯镶上最完美的手臂，那谁就能成为世界上最伟大的雕塑家。得知这一消息后，每一个雕塑家都冥思苦想，力求最完美。直到截稿那天，研究所收到了很多很多的作品：其中有的手捧着鲜花，有手握着利剑，有手托着白鸽，也有双手交叉放在胸前的……但这些方案都没有被采用，因为这些都是不现实的，因为人们已经习惯了断臂的维纳斯。最终，维纳斯仍然是没有手臂的。试想，如果当时维纳斯被镶上了手臂，那么后来的人就不会再被她特殊的美所吸引，更不可能会为她的缺陷而表示同情，也不会对她有着幻想，不会……

维纳斯最终还是维纳斯，她就是那个有着缺陷的美人！尽管她是有缺陷的，但她是美的，因为世界上没有什么是十全十美的。任何事物质、任何人都有着自己的长处，也有着自己的短处。

是的，残缺也是一种美。生活中人人都在追求完美，但绝大多数人却忽略了残缺的美，忽略了真实的美，殊不知这种残缺的美才是真正意义上的一种美。

在美国有这样一位著名的主持人，他的右手只有四个手指。之前，他曾找过许多工作，但都被拒之门外。直到他有机会作一次实验性主持时，他摘掉了那副仿手套，把自己真实的形象展现在广大观众的面前。意想不到的是，他的举动赢得了观众的赞赏，这不仅没有阻碍他成功，反而与他的魅力联系在了一起，变成了他独特优势的一部分。在很多人看来，最不完美的应该就是生理上的缺陷了，就像以上故事中所说的手与臂，但这既然无法挽回，为何又要去掩盖这种真实的美呢？事实上，生活中，只有真实的美才是最美的。

如何看待缺陷

人人都知道世界上没有十全十美的事物，这样那样的缺陷无处不在我们的身边。人们常说的祝愿话“万事如意、事事顺心”等等，其实只是人们内心美好的一种祝愿，人生之事不如意者有八九，这些都是客观事实。面对生活中的失败，有的人是恐惧的，是灰心丧气的，对生活也失去了信心与希望，而另一些人则可以从缺陷中发现自己别样的美。

曾有一个农夫每天要走一条很长的路去挑水，但由于过于贫困只有一只桶是好的，而另一只则是漏水的。这只漏水的桶觉得很对不起主人，很希望把自己换掉，因为每次主人把自己挑回来时，里面的水只能剩下一半。

一次，在农夫挑水回来的路上，看着他每天走过的路对这只桶说：“你看到这条路的两旁了吗？一边是光秃秃的，另一边却长满了花草，还有飞来飞去的蝴蝶蜜蜂。这些都是你的功劳，如果没有你，就不会有这些漂亮的花草。虽然每次回去你只能装一半水，但你却为大家创造了一个更美好的世界。”

青少年们，现在你发现了吗？残缺又何尝不是一件好事呢！它其实也是一种美，一种让人深感个性化的美，它就像一个圆，如果把它无意分成两半，再让它们各自去寻找自己的另一半，当它们找到彼此即使重新组合在一起，也无法恢复原本的样子了。如果你把镜子摔碎了，即使把它们重新组合在一起，也不会有原来的效果了。但如果两个半圆或是两个不同形状的镜子则可以给人们一种新的启示，使人们发现更加美好的其他事物。

生活中的失败，也并不可怕。因为失败过后，可以使自己积累更多的经验，为下次的胜利奠定基础。所以，我们应该学会欣赏缺陷美，

正如汪国真在《失败》中所说的："不必怕一败再败，只要最后赢了；不必喜一胜再胜，如果最后输了。不怕失败，只怕失败后再也站不起来。""鸟美在羽毛，人美在心灵。"是啊，其他的不完美事实上都称不上不完美，只有心灵不完美才是真正的不完美。因此，没有必要为了所谓的不完美而气馁，只要我们坦然一些，即使缺陷也是美丽的。

每个人都有这样或那样的缺陷，很多时候一种缺陷会激励你创造出更大的业绩，把你推向成功的顶端。所以不要因为自己的一些不足而悲观失望，也不要因为自己的缺陷而郁郁寡欢。青少年朋友们，只有用一种平和的心态去审视自己的不足，去欣赏我们的不足，相信"缺陷不是负担，缺陷也是一种美"。因为在某一特定的事情上，你也许就会发现，你所谓的"缺陷"并不是缺陷，而是一般人都不能做到的，恰恰只有你才可以成功，可以办到。这又何尝不是另一种成功，一种美呢！

6. 换个角度看得失

在古希腊有个人问著名的哲人苏格拉底："请你告诉我，为什么我从来没有见过你蹙额愁眉，你的心情总是那么好吗？"苏格拉底回答说："因为在生活中，没有哪种失去能让我感到遗憾的东西。"的确，苏格拉底的好心情与他的得失观是密切相连的。

在我们现实生活中，不管是得到的还是丢失的，我们都要换个角度看待得失。因为，得失本是自然亘古如一的规律。得是一种通过艰苦奋斗的获得，是一种苦心孤诣的赢得；而失是一种粗枝大叶的放弃，是一种马马虎虎的放纵，是一种应付了事的放逐，是一种袖手旁观的放逐，是一种自以为是的放肆。所以，春夏秋冬，循环不已，周而复始，无穷无尽，它孕育了世间纷繁万物，蓄养了千万的生灵。此时正

因为失去了春天里的姹紫嫣红、妖娆多姿，才迎来了夏天的激情洋溢和活力四射；告别了秋天的硕果累累，才拥有了冬天的静谧祥和，就这样在得与失之间使得到的让人愉悦，而丢失的却让人醒悟，所以，换个角度看得失的确是一件奇妙的事。

豁达看得失

得是你付出后的惊喜，但你必须要用心去珍惜；失是你疏忽后的惊讶，但你还要用情的珍视；得了，请你不要招摇过市、沾沾自喜的飘然起来；失了，也请你不要灰心丧气、放任自流的默默的消沉下去。得与失，都是要你知道如何把持自己的一种宠辱不惊、从容不迫的态度。

有这样一则耐人寻味的故事：

有个人向三位修行人请教如何才能得道。第一位修行人说："在葡萄园里，我看到枝叶茂盛的葡萄藤上挂着晶莹剔透的葡萄是那么的美丽，到了中午人们摘取后，留下的却是一片破败狼藉的景象，我因此而得道。"第二位修行人说："我坐在池塘边，看到圣洁的莲花在清晨时分开得非常美丽；到了中午有一群人跳进莲池里洗澡，一会儿工夫就把莲花蹂躏殆尽，我因此而得道。"第三位修行人说："夏季的每天清晨我在水边静坐，看到晨间小溪里的鱼儿自由自在的游来游去；然而，到了中午，渔民们拿了网子，用诱饵把这些可爱的鱼儿全诱到了网中，我因此而得道。"

这个人在回家的途中仔细品味着这三位修行人的话，当他路过海边时，发现沙滩上堆了许多沙堡。没多久，一浪又一浪的潮水涌上岸来，当潮水退走时，先前的那些沙堡，已经消失得无影无踪。这时他恍然大悟："原来世上的许多事物，不论费尽多大的心机，花了多大的力气，即使能够拥有，也都是暂时的。"所以，在生活中，有舍就

有得，舍就是失去，就是意味着放弃；得就是退一步海阔天空的超越。在这个物欲横流的经济社会里，大多数人都乐于得而痛于失。如果得了就会心满意足，沾沾自喜，喜形于色；如果失了，就会沮丧不已、自我消沉。其实，失去是一种痛苦，也是一种幸福，因为失去的同时也在得到。

世上万事万物从来就没有绝对的利，也没有绝对的害，得失也是如此。有些人，在获得成功后，就拥有高级别墅或者豪华住宅，但他们的内心却陷入了空虚、落寂和无聊，以至精神崩溃等。所以，失去并不一不定是件坏事，因为在失去中始终蓄藏着生机，这就需要你去细心观察发现了；失误中储藏的正确，需要你虚心的弥补；它让我们明白了得到是一种幸福，失去是另一种幸福，让我们把握今天，不乞求也不放弃，做任何事情都随遇而安。

所以，正确的看待得与失，是一种聚精会神的认得；是一种乘风破浪的取得；是一种专心致志的自得；是一种脚踏实地的忍得；是一种集思广益的博得。

塞翁失马，焉知非福

对于生活中的失去，我们应该从容的对待。人生就是在一种得失的选择和重复中延伸。在我们面前，无时无刻不存在得失权衡，然而，有时得失的转换可能就在一念之间。厄运之后方可见幸运。在《淮南子》中就有这样一段记载：

从前，有位老汉住在与胡人相邻的边塞地区，来来往往的过客都尊称他为“塞翁”。老翁精通术数，善于给人算卜过去和未来。他生性达观，为人处世的方法也与众不同。

有一次，老翁家的一匹马，无缘无故挣脱羁绊，跑入胡人居住的地方去了。邻居们得知这一消息以后，纷纷表示惋惜。可是塞翁却不

以为意，他反而释怀地劝慰大伙儿：“丢了马，当然是件坏事，但谁知道它会不会带来好的结果呢?”几个月后，那匹丢失的马突然又跑回家来了，还领回一匹胡人的骏马。邻居们得知，都前来他家表示祝贺，并夸他在丢马时有远见。然而，这时的塞翁却忧心忡忡地说：“唉，谁知道这件事会不会给我带来灾祸呢?”老翁家畜养了许多良马，他的儿子生性好武，喜欢骑术。塞翁家平添了一匹胡人骑的骏马，使他的儿子喜不自禁，于是，就天天骑马兜风。有一天，他儿子骑着烈马到野外练习骑射，烈马脱缰，把他儿子重重地甩了个仰面朝天，摔断了大腿，成了终身残疾。善良的邻居们闻讯后，赶紧前来慰问，而塞翁却还是那句老话：“谁知道它会不会带来好的结果呢?”

又过了一年，胡人侵犯边境，大举入塞。四乡八邻的精壮男子都被征召入伍，拿起武器去参战，结果十有八九都在战场上送了命。靠近边塞的居民，十室九空，在战争中丧生。而塞翁的儿子因为是个跛腿，免服兵役，所以，他们父子得以避免了这场生离死别的灾难。因此，福可以转化为祸，祸也可变化成福。这种变化深不可测，谁也难以预料。

后世有许多人对这个故事进行了评价和引用。宋魏泰《东轩笔录·失马断蛇》：“曾布为三司使，论市易被黜，鲁公有柬别之，曰：‘塞翁失马，今未足悲，楚相断蛇，后必有福。’”陆游《长安道》诗：“士师分鹿真是梦，塞翁失马犹为福。”后来又发展为“塞翁失马，焉知祸福”。这则哲理被世人频频应用，用来说明世事无常，或因祸得福，坏事变好事。

这就印证了得失转换的关系，有时觉得就要得到的时候，可能更大的失去正在发生；但就要失去的时候，可能正在换取更大的获得，而他们之间的转化就可能在你的抉择中瞬间发生。有时候，得到是福，失去也不一定是祸。还有一点也是非常重要的，很多时候我们也要学

会舍弃。日中则仄，月满则亏；圣哲说：谦受益，满招损，都是警醒我们，要学会舍弃。如若一味的贪婪务多，不知舍弃有些东西，终受其害。而且，世事纷扰，物欲横流，不能明智的择舍，或许就会在复杂的现实社会中迷失。因此，坦然面对人生的得失，就是为自己打造一个更加完美更加坦荡的人生。

人生也是如此。于人而言，得与失是一对永恒的矛盾，总是相伴而生，交替更迭，如影随形的陪着人们走过一生。在得与失之间，我们无须不停地徘徊，因为得到的就是在你积极主动出击而经过一番努力拼搏之后所取得的成绩。所以，换个角度看得失，你就会有意想不到的收获。

人的一生对于得失，有多种对待方式，或许患得患失，或许得失无患，或许得失无常，或许得失皆宜等等。现实中，大多数人都受制于各种欲望，多数人还是处于患得患失中，既怕得不到或得不够，又怕得而复失。因此，想不通，放不开，争不完。此时，如果你换个角度看待得失，倒不失为一种较好的态度，既希望得，又不计较失，积极而不极端，努力而不角力。

第二章

做成功的自己

第一节 奠定自信追求

1. 人重要的是自信

为什么人最重要的是自信呢？成功是建立在信心之上的，有了信心，有了敢于拼搏的精神，才有可能到达成功的彼岸，无论路途有多么的艰险，多么的坎坷，一旦有了“不到长城非好汉”的勇气和决心，再加上自身的自信心，其气势之大，不可阻挡，那样的力量是无穷无尽的。

自信为人生加油

作为青少年，你认为一个情绪消极的人，他有可能成功吗？答案是显而易见的：不会。因为他连最基本的自信心都没有，又怎么可能会成功呢。

一句众所周知的经典的名言，往往被人们加以引用：失败是成功之母。相信每一个人都知道，但谁又能真正的做到？你会问失败和成功之间有必然联系吗？当然有，若想让失败化为成功，靠的绝不是运气，而是一种锲而不舍的坚定，不到长城非好汉的韧性，这就是自信。

你可以什么都没有，但不能没有自信。自信是一个人的灵魂，没有灵魂，人就只是一具空壳，一具行尸走肉。自信是希望的火种，它能让你在寒冷中感受到内心的温暖，让你在黑暗中看见希望之光。

美国第十六届总统林肯，他这一生当中可谓是遭遇不少坎坷，自23岁开始，诸多不幸便纷至沓来，他一连串的遭遇失业、破产、丧妻和一次次竞选失败，但他从来没有绝望，也没有像很多人一样灰心丧气，而是咬牙挺了过来。直到52岁那年，他才终于过五关斩六将，以绝对优势打败对手踏入美国政坛，从此，平步青云成为美国历史上最伟大的总统。林肯总统对于自己之所以取得的成功，曾经做出一句精美绝伦的评语："幸运总会光临那些永不放弃的人！永不放弃，就是顽强和执著，就是一个人在艰难困苦中永不磨灭的自信。"他的话字字珠玑，引人深思。

其实，人本无强弱、高低、尊卑、贵贱之分。人的低微和庸俗，不是环境造成的，而是自身的原因，就是自己有没有自信心，敢不敢向命运挑战。也许曾经是弱者，只要敢于挑战也许后来就变成了强者，区别在于他相信成功，从不轻看自己。面对苦难的打磨，他们越挫越勇，不抛弃，不放弃，正确的面对失败。人要不断地为自己鼓劲，增加自信，把每一次失败当作是积累经验然后进行总结，吸取其中合理的成分，继续前行，成功之门必将为你敞开。

青少年们会认为，在我们平时的生活及学习当中，自信的人与不自信的人根本没有太大的区别。其实不然，有自信心的人的神态、仪表、姿态都表现得与众不同，他们的语言、步伐表现得雄健有力，他的容颜容貌表现得可亲可敬。自信可以使人长期维持乐观向上情绪，同时自信可以减少距离，自信可以节省时间，加快速度，尽快的达到自己的理想中的目标。自信可以给你增加勇气，从而战胜磨难；自信可以激发你的斗志，从而使你的学业及以后的事业有所成就。自信使你的人生光芒四射！

自信人生，开出灿烂之花！

伟大的主席毛泽东曾经说："自信人生二百年，会当水击三千

里。”这是他自信心的气度，他在逆境中力挽狂澜，绝处逢生，建立了中华人民共和国。他是一位军事天才，在世界堪称一奇。自信是一种认识和态度，连你自己都不相信自己，你还有指望谁来相信你呢?良好的心态是成功的一半，无论在什么时候我们都要对自己充满信心，相信自己就是奇迹。因为只有这样，我们才有可能会成功，才能使自己的学业和事业一帆风顺。

当你看到别人的成绩一路飘红时，当你看到别人在灯光闪烁的舞台上尽现风采时，当你看到别人的文章贴满整个校园时，当你看到别人在生活中游刃有余时，你一定在心里想，那个人为什么不是我？为什么他们可以而我不可以？也许出类拔萃的欲望曾经无数次拨动过你的心弦，但最终却因缺乏自信和勇气而未曾付诸行动，谁都不愿意自己永远是一只默默无闻的丑小鸭。

我们每个人都有自己的优点，自信就是使我们发挥自身潜在能力的催化剂。人的勇气来源于自信，恒久的信念来源于自信，睿智来源于自信，收益于逆境中的能力同样来源于自信。一个人最大的敌人不是别人而是自己，自信，是对自我的肯定与超越，只要能超越自己，你就已经成功了一半。拥有自信的人，全身上下都散发着一股积极向上的活力。19世纪法国伟大的批判现实主义作家巴尔扎克说：“发明家全靠一股了不起的自信心支持，才能勇敢的在不可知的天地中前进。”那些已经沉积或者正在沉积的历史都在不断地告诉我们一个道理：成功，源于自信。前人又警示后人，那些还未曾诞生的历史将由我们这一代人来谱写，我们当然不愿意在历史的长河中写下失败。但正如俗话说的那样：信心是煤，成功是火。每一件事情都是从自信心开始并从自信心迈出第一步。当你要走入考场，当你要做出一项重大决策，或许你很害怕，但你都需要拿出自信。如果屈服或自卑，那么我们就不会成功，我们要在不断的摸索中慢慢长大，直到遇到事情不

再躲躲闪闪为止。

有人会问自信心是在哪儿丢失的，自信心是在一次次的失败中丢失的，要想让自己学有所成，就要战胜失败。如果我们不把红叉叉看作耻辱，而是把改错题看成一个再学习的机会，结果会怎样？结果自不必说，同时，成绩暂时落后、考试不理想、名次靠后，同学的讥笑，父母的责骂，这些都会瓦解我们的自信心，你很快就会认为自己不具备学习的天赋，一旦有了这样的念头，你就再也不想学习了。

青少年，我们不能为昨天的失败而垂头丧气，我们要把握好今天。我们生活中的每一件事只发生于今天，今天永远是最美好的一天，也是唯一可以依靠的一天，同样是唯一可信任的一天。拿出勇气和自信，我们还年轻，不要再让青春年华在碌碌无为中稍纵即逝。“人生直作百岁翁，亦是万古一瞬中。”短暂的生命孕育着更加短暂的青春，青春却永存一种激动，那就是自信，让我们拥有一个自信的人生，让我们在自信中更上一层楼。自信是知识的积累，它是一个人的良好气质的体现，是一个人的魅力所在。

2. 我自信我成功

自信是人生最珍贵的品质之一，是获致人生成功和幸福的最为重要的一种心态。

美国著名的成功学奠基人和励志导师罗杰·马尔腾说：“你成就的大小，往往不会超出你的信心的大小。不热烈地坚强地希求成功，期待成功，而能取得成功的，天下绝无此例。成功的先决条件就是自信——缺乏自信，就会大大减弱自己的生命力。”

自信，也就是我们常说的自信心，也就是一个人相信自己能力的

心理状态，相信自己有能力实现自己既定目标的心理倾向。自信是建立在对自己正确认知基础上的，对自己实力的正确估计和积极肯定，是自我意识的重要成分，是心理健康的一种表现，是学习、事业成功的有利心理条件。

肯定自我，建立自信

对于任何自卑者来说，最为缺乏的是一种内在的自我价值感。自卑是个体感受到自我价值被贬低或否定的内心体验。这种贬低或否定可能来自于当事人自己，也可能来自于外界的评价，但更多的时候是两者兼而有之。

自卑的反义词很多人认为是自尊，其实不对，而是自信。自卑者往往有着超出常人几倍的自尊需求，只是他们的自尊心缺乏一个稳定的内核和坚固的外壳；于是，一点点小事就可能使其受到巨大的伤害。可见，对于自卑者需要的是调整对自我的认识角度，更需要的是通过不断地发展自我建立一种独特的人生优势。

有的人往往带有自卑感，他们总是觉得自己在说话方面低人一等。这样，他们对任何事情也不想积极去做，总说自己没有自信，等有了信心再去做，结果他们总是一事无成。

由此，培养自信心，就不要依赖别人的赞许，当你认识到自身的价值，当你决定选择一种行为，别人反对，也不要感到沮丧。因为那是一种自然现象，别人也不是啥都看得远、懂得多。

自信是一缕和煦的春风，是一丝动人的微笑，是一片明朗的天空。自信让我们变得干练、成熟，自信使我们的脚步变得坚实稳健。一个不屈不挠的人，自信在心中必坚韧地站立着，站成精神上的钢浇铁铸的脊梁，站成一幅永不凋谢的风景。

自信产生于努力之中。有人认为做事情只有有了自信之后才能去

行动，这就好比人学会了游泳之后再下水学游泳一样，是非常荒谬的。当我们徘徊于做与不做之间时，就应该在充满自信的情况下，大胆去做。

按照马斯洛的需要层次论的观点，人都希望得到他人的认可与尊重，期望获得荣誉，因为这些可以令人精神上受到鼓舞。但是，人在奋斗过程中，真正有作为的事不是跟在别人后面亦步亦趋，而是需要创新。理解是具有滞后性的，如果不培养自我赞许的意识，就无法自我肯定，就坚定不了决心和信心，失败就随时“恭候”着你。

自信仿佛是人生坐标系上的原点，处境极其微妙，前进抑或后退，就在一念之间。具备自信就是具备了开拓进取的基础和条件，因为有了自信，就有了创造精神和创新意识。十分成功中有五分属于自信。成功是船，自信是帆；成功是高山，自信是登山的小阶；成功是远方的路标，自信是脚下的跋涉。

自信是愚公移山的信念，是精卫填海的毅力，是夸父追日的追求。自信不是神话，但神话中的愚公、精卫却树起了一杆自信旗帜，飘扬在历史的岁月中，让代代传诵自信的力量。

自信是成功的第一秘诀

爱默生曾说，自信是成功的第一秘诀。的确，成就事业就要有自信，有了自信才能产生勇气、力量和毅力。只有拥有了这些，困难才有可能被战胜，目标才有可能达到。但此自信绝非自负，更非痴妄，自信建筑在充实和自强不息的基础之上才有意义。

世界上有一些虽身处逆境，但充满自信，自强不息，奋斗向上，最终获得辉煌成就的人。古希腊著名演说家德摩斯梯尼，原先患有口吃病，幼年结巴，语音微弱，演说时常被人喝倒彩。他始终对自己信心百倍，为了克服疾病，每天清晨口含小石子，呼喊练习，终于成为

口若悬河，辩驳纵横的演说家。

德国著名天文学家开普勒。4 岁时出天花，留下一脸麻的后遗症，后又患猩红热，高烧坏了眼睛，成了高度近视。他终身受疾病折磨。但他从未失去自信，在贫病交加中大无畏斗志昂扬几十年，建立了行星运动三定律，为牛顿发现万有引力打下基础。重要著作有《宇宙的神秘》，《哥白尼天文学概要》，《宇宙谐和论》等。

美国著名的女作家海伦·克拉，幼年因病造成又聋又瞎。她自信自强，14 岁攻克多种外语，通晓德国、法国、古罗马、希腊文学。20 岁考入著名的哈佛大学，后来成为著名作家。

在逆境中不自卑，面对困难充满自信，古今中外屡见不鲜：张海迪幼年因病高位截瘫，她自信努力，成为作家翻译家；屈原被流放写成《离骚》；孙子受膑刑后著《孙膑兵法》；司马迁遭宫刑写《史记》；贝多芬耳聋后谱出《英雄交响乐》；奥斯特洛夫斯基在失明瘫痪中写出《钢铁是怎样炼成的》。

成功是种自我选择的结果。在别人的眼里的成功者自杀了，而别人眼中的失败者却认为自己是世界上最快乐的人。生活中这样的例子真有不少。可见，成功可能是财富、地位或健康、快乐等。不同的人，在不同的情况下对成功的态度是不同的。因为成功是我们态度选择的结果。

3. 自信是成功者的钙质

在现实中，强者最大的竞争对手是自己，而自己成功最大的障碍是缺乏自信。其实，只要你自信，只要你尊重自己、坚信自己，你就是伟大的，最终的成功必定是你的。自信是一切成功的钙质，一个没有自信的人，他将一事无成。对于青少年而言，培养自信的使命感是至关重要的。

没有自信，何来成功?

当下，随着社会的不断发展，青少年的身心健康日益引起社会的广泛关注。很多青少年出现的问题大部分都是由心理问题引起的。然而，人们对青少年心理的研究大多只是停留在对他们身心健康状况的调查，或者偏重于病理方面等消极心理因素的研究。而对于他们心理或精神方面的积极因素的研究却较为欠缺，尤其是对青少年自信心的研究几乎没有看到。“自信”或“自信心”是人类心理生活中最为基本的内存品质之一，也是每个人内在“自我”的核心部分。从某种程度上来说，自信心的强弱，决定着青少年个体的成功与失败，也是个性发展的重要前提和基础。

心理学研究表明，每个人的意识中都有一个理想的、积极的自我形象，但这个理想的自我形象，并不是总能指导和主宰自己的行为。因为，它会常常受到另一个消极的瞬息万变的自我形象的干扰。前者不怕困难，勇往直前；后者遇事萎缩，知难而退。前者对你说：“我能行!”后者则会大唱反调：“我不行!”这个时候，你是选择前者还是后者？或许下面这个故事能给你一些提示。

一天，上帝分别送给三个年轻人一些同样干瘪的种子：第一个年轻人大呼：“上天为何如此不公？这么干瘪的种子怎么能够发芽?”随手扔掉种子后，他在抱怨声中结束了一生。第二个年轻人抱着试一试的心理，播种、浇灌、施肥，但很快就放弃了。后来，他终生为寻找一些饱满的种子而努力。第三个年轻人相信：只要精心呵护、尽心尽力，再干瘪的种子也能长成参天大树，自己的汗水会换来成片的阴凉。结果，第三个年轻人很快就拥有了一大片森林。在这个故事中，第三个年轻人选择了前者，可见，自信是人获胜的法宝，更是事业的保障。

青少年朋友，你自信吗？当你成绩名列前茅时，你能否告诉自己："一分耕耘，一分收获。"而不是"这次运气真好！"而造成心理上的压力；当你成绩有了进步，你能否对自己说："学习有什么困难，只要努力，我一定能学好！"而不是"这次纯属侥幸，我不是学习的料。"而停滞不前；当你考试退步了，你应该向天发誓："从现在开始，我一定努力，一定学好！"而不是"我永远也学不好，学习对我来说就是活受罪！"而放弃了学业。如果你真的想拥有自信，就从现在起告诉自己：哪怕是一粒干瘪的种子，我也要长成参天的大树！我相信：我能行！

在通往成功的道路上，总是充满艰辛，而成功者在走向成功的道路上，他们的内心也往往充满着矛盾和斗争。高呼"我能行"，其实就是要强化心中那个积极的、理想的自我形象，战胜和排除消极的自我形象的干扰，用自信来融化存在于心中某一角落的自卑。

培养自信，战胜自我

对于一个自信的人，他会勇于面对挑战，努力向自己定下的目标进取。追求自我实现，不仅可以带来个人的成功感，而且在其他方面也能得到全面的发展，使自己更受人欢迎。相反，对于一个没有自信的人，他会逃避挑战，不敢面对失败的风险，怀疑自己的能力，使自己失去很多成功的机会。因此，青少年应努力培养自己的自信心，让自己在任何困难前都能说："我能行！"

首先，应驱除自卑感：心理学认为，自卑是一种过多地自我否定而产生的自惭形秽的情绪体验。而人产生自卑心理的原因是，在你的头脑里有一个错误的意识在支配你。比如说，你因为家庭条件不好而自卑，这是因为在你的头脑里有一个错误的认识，那就是你认为自己

的家庭条件不好，会令人轻视。你应该给自己一个正确的认识：我家庭条件不好，学习条件恶劣，但是我相信，经过我的努力，我一定会学得更好，一定会改变自己的生活，我会赢得更大的尊重。这就是一个正确认识。要给引起自卑的事实一个正确的认识，这是消除自卑心理最好的方法。

其次，练习正视别人：一个人眼神能够透露出许多有关他自身的很多信息。当一个人不敢正视你的时候，你的直觉会问你自己："他想要隐藏什么？他怕什么？他是不是做了什么不好的事？"正视别人等于告诉他：我很诚实，而且光明正大，毫不心虚。正视别人，不但能给自己带来信心，也能使他人更加信任自己。

再次，挺起胸膛，让步态轻松稳健：心理学研究表明，步态的调整，可以改变心理状态。你仔细观察就会发现，那些遭受打击、受排斥的人，走路时都是懒懒散散、拖拖拉拉，完全没有自信感。拥有自信的人，则是胸背挺拔，走起路来稳健轻松，他的体态告诉别人："我真的认为自己很不错!"挺起胸膛走路，你的自信心一定会得到增长。

第四，学会欣赏自己，表扬自己：青少的要培养自信，就要学会欣赏自己，表扬自己，把自己的优点、长处、成绩、满意的事情，统统找出来，在心中"炫耀"一番，反复刺激和暗示自己"我可以"、"我能行"、"我真行"，长时间的练习，你就能逐步摆脱"事事不如人，处处难为己"阴影的困扰，就会感到生命有活力，生活有盼头，觉得太阳每天都是新的，从而激发自己奋发向上的动力。

第五，练习大声讲话：大声讲话，是训练表达的自信，是建立完整自信的一个最好的途径。如果你有一些不自信，你不妨从现在开始就练习大声讲话。一定要敢于张嘴，敢于向别人大声的表达你的感受和你的观点，要记住，声音一定要大。

第六，鼓励自己：自己给自己鼓掌，自己给自己加油，自己给自己戴朵花，自己给自己发锦旗，便能撞击出生命的火花，培养出像阿基米德“给我一个支点，我将移动地球”的那种豪迈的自信来！

自信并不是盲目地自我感觉良好，盲目地欺骗自己、自我得意，而是建立在客观、真实的自我认识的基础上。它是激励自己奋发进取的一种心理素质，是以高昂的斗志、充沛的干劲，迎接生活挑战的一种乐观情绪，是战胜自己、告别自卑、摆脱烦恼的一剂灵丹妙药。

自信，可以使一个人从平常走到辉煌；自信，可以使一个人从绝望看到希望；自信，可以使一个人从暗淡走向光芒。作为当代的一名青少年，要学会激发自己的自信心，使自己不断地进步，从而创造生命的亮点，成就辉煌的人生。

4. 自信是创造奇迹的基础

自信是一种来自于心灵的力量，自信是一种说服力，在开始时，看起来仿佛不会成功的事，假如你坚持地做下去，它就会成为对自己的一个证明。相反的，假如你因为别人的怀疑或批评而犹豫不决，退缩不前，那不用别人阻挡，你自己就打败了自己。因为，自信是创造奇迹的基础，而且往往会通往成功。

自信就有奇迹

你知道吗？人身体里有很大的潜能，激发潜能最好的催化剂就是你的自信。人的各部分的精神能力，也应像军队一样，对主帅充满信赖——它是一种不可阻遏的“意志”。

有坚强的意志，有坚定的自信，往往会使得平庸的人也能够成就

一番事业。一个人不坚强地、不努力地去奋斗，而只期待成功，天下绝无此理。人们常说“天上不会掉馅饼”，成功的先决条件，就是自信。

据说，只要拿破仑亲临战场，士兵的战斗力量就会增加一倍。军队的战斗力，原来大半寓于军士对于将帅的信仰中。如果统领军队的将帅显露出疑惧慌张，则全军必陷于混乱与军心动摇之中；如果将帅充满自信，则可增强部下英勇杀敌的勇气。

一个人的成就大小，取决于他自信心的大小。对于一个人来说，如果拥有坚强的自信心，往往能够在自己的人生中创造出奇迹。

有这样一个故事，说的就是一个伟大的奇迹，这个奇迹就来自于主人公的自信心。据说有一个很可怜的女人，患了一种绝症，已经快不行了。在冬天里，她看到窗外的那棵老树上还有一片树叶没有落，于是，她就在心里想，这片树叶落了，我的生命也就走到尽头了。

她的不幸被一位好心的画家知道了，那位画家就画了一片一模一样的叶子，在夜里偷偷地挂在树梢上面。

第二天，这个女人又抬头望向窗外，她看到那片叶子还在那里挂着，就感到很兴奋。她高兴极了……

第三天，她一睁大眼睛的第一件事，就是望向窗外寻找那片叶子。

第四天……

第五天……

那片叶子居然还在，这位女病人兴奋之情无以言表，从此后，她相信是老天不让她死，她一定会好起来的。她开始积极配合医生的治疗，每天很开心的望向窗外，每天很自信的生活。等到春天来临时，她的病竟然奇迹般的好了。

如果不是她内心的自信，如果不是她心中的渴望，如果不是那片永不凋落的树叶，她大概熬不过那个冬天。可见，如果一个人的内心充满了渴望，充满了自信，他就可以无所不能，他就可以在这个世界上创造出奇迹。

相信自己，无所不能。相信自己，无所畏惧。自信心是人生成败、幸福与不幸的关键。同时，人也是理解自己和与他人相处的关键。信心是行动的发条，基于信心而来的那种无比的驱策力量，就是缔造人世间一切伟业殊功的源头。人有信心，就有希望。信心能使软弱的人变得刚强，毅然承担一切苦难与折磨，接受任何考验和试探。因此，伟人说：信心是英勇的要件。

所以，青少年朋友们，在生活中，面对不幸，要对自己充满信心，对生活充满信心；在学习上，面对困难，要给自己信心，要永远地相信自己可以。让你的生活到处都充满着自信与活力，你的生活将会是五光十色的。

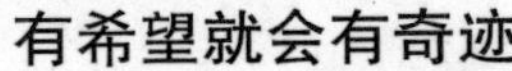

有希望就会有奇迹

青少年你是不是在耳边常常会听到这样的话："这件事情没希望了。""这种情况哪里有可能啊？""这样做根本就不行！"此类的话语，相信大部分人都说过，可是，事情真的就像你说的那样没有希望了吗？答案是否定的，事实证明：有希望就会有奇迹。

只要我们心中存在的希望没有丢失，只要我们心中有一颗希望的种子，我们坚信一定会创造出奇迹。同时也要时刻提醒自己，希望只是希望，要想让它盛开希望之花，得到希望之果，我们只能用勤奋去浇灌它。

美国有一家报纸曾刊登了这样一则启事：一则园艺所重金征求纯白金盏花，这在当地引起了一时的轰动。高额的资金让很多人趋之若骛，可是，在自然界中，金盏花只有金色和棕色两种，能培育出白色的金盏花，几乎是一件不可能的事情。所以，许多人在热血沸腾了一段时间之后，就渐渐地把这件事情给忘记了。

日子如流水，在不知不觉间，一晃20年过去了。一天，那家园艺所意外地收到了一封热情的应征信和1粒纯白金盏花的种子。当天，这件事就不胫而走，引起轩然大波。

寄种子的原来是一个年已古稀的老人，老人是一个地地道道的爱花人。当她20年前偶然看到那则启事后，便怦然心动，想要培育出一棵白色金盏花。

她不顾八个儿女的一致反对，义无反顾地干了下去。她撒下了一些最普通的种子，精心侍弄。一年之后，金盏花开了，她从那些金色的、棕色的花中挑选了一朵颜色最淡的，任其自然枯萎，以取得最好的种子。

第二年，她又把它种下去。然后，再从这些花中挑选出颜色更淡的花的种子栽种……

第三年，她依然重复着同样的动作……

日复一日，年复一年。终于，在20年后的一天里，她在那片花园中看到一朵金盏花，它不是近乎白色，也并非类似白色，而是如银如雪的白。一个连专家都解决不了的问题，在一个不懂遗传学的老人手中迎刃而解，这可以说是一个奇迹。这位老人心中怀揣着希望，终有一天，希望造就了一个奇迹。

亲爱的青少年朋友，看到这里，你的心里有何感悟呢？你是不是还在为生活上的拮据而苦恼？你是不是还在为学习或工作上的挫折而伤心？你是不是还在为朋友的误解而痛苦？不要怕，让自己的内心充满希望，充满阳光，你也可以孕育出一朵纯白色的金盏花。

5. 人生从来没有不可能

青少年朋友喜欢李宁运动品牌的话，一定知道李宁品牌非常好的一句广告语：anything is possible（一切皆有可能）。其实，人生就像这句广告语一样，没有什么是不可能的。如果你在做事情的时候，畏惧这个，畏惧那个，那只能说明你的自信心不足，另外一个原因就是自己还没有准备好要去做这件事。

缩小痛苦，放大梦想

轻轻推开一扇窗，望着蓝蓝的天，白白的云。你的心中可曾充满了希望与梦想？你的心中是否充满了阳光与清爽？你是否发现窗边那颗绿绿的小草，虽然渺小，但它也是一个生命，一个坚强的生命，一个幼小的生命，一个倔强的生命，无论在哪里它都可以让自己微笑着面对一切。

生活中的我们呢？是否曾为了一些小小的挫折就一蹶不振，是否曾为了一些小小的痛苦就驻足不前，是否曾为了一些小小的意外就怨天尤人？正处在青春期的青少年朋友，应该是一个充满活力、积极向上、勇敢乐观的青少年，不要做病怏怏的林妹妹，不要做扶不起的阿斗，不要做无所事事的懒汉。在这个美好的时光，应该去追求有意义的人生，不要怕困难与挫折，因为，人生从来没有不可能。

古代的越王勾践，被吴国打败后，他的精神并没有因此消沉，而是卧薪尝胆，不断地磨炼意志，他睡的是草铺，每天的吃饭睡觉前，都要尝一下苦胆，并且还制定了一系列的复国计划，就在这样艰苦的条件下，勾践终于成功了，而且最终还成为了春秋时期的霸主。

高位截瘫的张海迪；因比赛而再也无法站起来的桑兰；同时聋、哑、失明的著名美国作家海伦·凯勒；意大利杰出的小提琴家帕格尼在监狱里自得其乐，用破旧的小提琴练琴和演奏；波兰伟大诗人密茨凯维支能够在牢房里构思诗作，在放逐途中创作著名的《十四行诗集》……看看他们的故事，再去想一想自己遇到困难，比较一下，我们不是生活中最美好的环境中吗？

面对人生中的挫折，他们表现出来的是一种坚强而又乐观的精神，他们并没有因为上帝对他们不公平而痛苦不堪、意志消沉，相反的，他们用一种坚强的精神来微笑着面对。正是因为有了可以战胜困难的信心，他们能够勇于面对艰难的挫折而最终取得了成功。

如果没有严冬，你不会感觉到春天的温暖；如果没有小丑的形象，你未必看得出谁才是最好的朋友；如果没有遇到挫折，你又何以能体会到成功的喜悦。青少年朋友在学习的过程中，可能会遇到各种障碍、困难或是失败、痛苦。面对挫折，跌倒了就自己爬起来，不怨天、不尤人，抚平伤口，背起行囊沿着既定的目标上路。不要企盼有谁会跟你一起分担忧愁，你要相信：只有通过自己的双脚才能踏平坎坷，只有通过自己的双手才能创造一切！遇到挫折就在心里鼓励自己：“我行，我可以。”遇到痛苦就在心中默默地告诫自己：“要成功，就必须努力。”遇到困难就在心中告诉自己：“相信自己，人生没有什么不可能。”

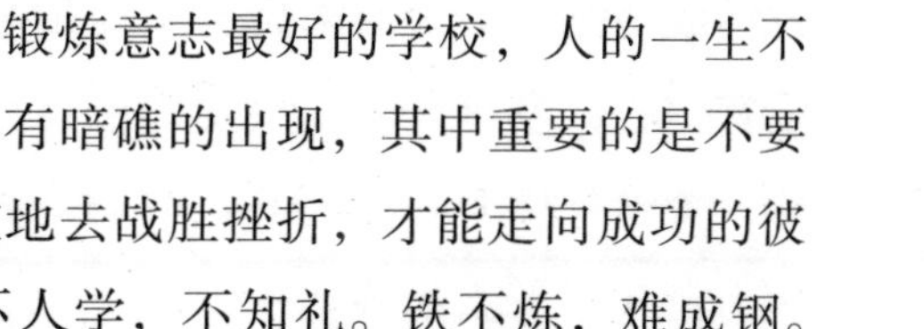

缩小痛苦，放大梦想。挫折是锻炼意志最好的学校，人的一生不可能总是一帆风顺，总会有荆棘，有暗礁的出现，其中重要的是不要碰到它就停滞不前了，而是要勇敢地去战胜挫折，才能走向成功的彼岸。古语说：玉不琢，不成器；不人学，不知礼。铁不炼，难成钢。雄鹰是由于经历了一次又一次的风雨洗礼，才能搏击长空；人类是因为经历了蹒跚学步时的一次次跌倒，所以才能健步如飞。

坚持信念，人生没有不可能

在生活中，有人经常说：这件事我做不好，不可能做好。也有人在说：生活中只有想不到，没有做不到。是啊，每一件事情的存在都有它的理由，每一个问题的发生都有解决它的办法。可能与不可能只是因为人们心中的一个信念，如果你的内心中想着它可能会实现，它一定能实现，你就会付出 *120%* 的努力去做，结果很可能它就实现了。如果一开始就认为不可能，这首先就给自己下了一个否定的结论，当在解决问题的过程中出现困难时，你就不会想方设法的去解决了，结果可能的事情也由可能变成不可能了。

“没有办法”或“不可能”使事情画上了句号，但是“没有不可能”则使事情有着突破性的可能。其实每个人都有一种能力的张力，犹如弹簧，其中信念的存在就非常重要。

青少年在成长的过程中，总会遇到这样那样的困难，至于怎么去解决，那就要靠自己了。当朋友向你提出一个问题时，你是否会存在一种“不可能会做到”的思想？这种思想的出现在于：怕麻烦，不愿意有新的改进而改变自己原有的习惯；或者是以前尝试过但没有成功，它成为你解决问题路上的阻碍；或者是你已经养成了“不可能”的习惯。

如果有这样的思想，你就要注意了，“不可能”这三个字将会成为你成功路上最大的阻碍。不要怕事情做不好，做不好只是因为我们没有信心，没有努力。只要你愿意付出，肯努力，就没有做不到的事情，关键是你要心存决心、信心，并且是坚定的信心。有时候，信心的力量就是那么的神奇！

一位成功人士说：“只要有无限的热情，只要相信自己能成功，人生几乎没有不可能成功的事。”

事实上，只要相信自己，坚持信念，努力奋斗，人生没有不可能！

6. 带着自信上路

威尔逊说：“信心是又弱又细的线，很容易拉断；但在灰心的时候，它也能将你抛向空高，使你重获生机。”人生的路途中，有一盏明灯，指引每个人通往梦想的舞台；人生的天空中，有一道最绚丽的彩虹，七色光芒照亮每个人的心灵；人生的沃野中有一株最挺拔的小草，它以自己的坚韧把希望带给每一个人。这就是自信。

带着自信上路，风雨无阻

其实，人生就像是一次旅行一样，不管是平坦大道，还是崎岖山路；不管是风光秀丽，还是景色荒凉；不管是舒畅淋漓，还是沮丧失意……这一切，都取决于自己的人生策划。

或许你也曾志在远方，你也想经历风雨的历练，但黑暗使你畏惧，惊雷使你瑟缩，把困难之石顶在头上，失败如影随形。或许在你刚跨出门的那一刹那，就会被脚边的小石头垫着了脚，于是，退守空屋，独自哀叹，一辈子只能隔着玻璃观望外面的世界；或许你挟日夜星辰于手中，集群山鸿堑于梦里，披荆斩棘，跋山涉水，豪气冲天，一路奔波，一路欢歌。

人生结果的不同，原因就在于选择不同。不同的方向，不同的信仰，不同的收获，这一切都维系于自信的力量。在决定上路的时候，让行囊中装满自信，你就已经迈出去了一大步。

带着自信上路，将困难之石踩在脚下，放眼四望，险峰如小丘，深涧似微隙。没有对大浪的畏惧，没有对大险的恐慌，扬鞭策马奔往坦途。带着自信上路，风雨无阻，你就会前途无量。

人生的道路难以一帆风顺，也固然布满荆棘、充满坎坷，只要带着自信上路，你就会看到曙光，看到希望。即使前方的风浪再大，也会执著追求，无怨无悔。让我们齐声呼喊："带着自信上路吧！"去寻找内心的激情和澎湃；"带着自信上路吧！"去寻觅辉煌的明天；"带着自信上路吧！"去采撷人生道路上一颗颗璀璨的珍珠。在这收获的季节，请微笑着向着晨曦，向着黄昏，向着星空，高声呐喊："带着自信上路吧！"

带着自信上路，你就是一道风景

有这样一个故事，故事的讲的是一个小姑娘与她的蝴蝶发夹。

小姑娘出生在一个小城镇里，从小就不喜欢与人说话，直到她15岁的一天，那天是圣诞节，妈妈给了她20美元让她去买一些自己喜欢的礼物，作为对她的奖赏。她从来都没有去过镇里，于是就拿着妈妈给的20美元上路了。

从家里出来以后，她一直沿着墙根走，感觉大街上所有的人都比她漂亮，忽然她看到一个心仪的男孩。这时，她就在心里想，要是今天晚上能和他共舞一曲，该多好啊！可是，她只是远远地看着。然后，又低着头往前走。

不知不觉间，她来到一家饰品店，刚走到门口，营业员就热情地欢迎她走进去了。她看上了一个蝴蝶发夹，上面标价16美元，她心里想：太贵了，我不要买。

可是这个营业员却热情的很，告诉她说：小姑娘，你的亚麻色卷发真漂亮，我帮你选一个浅绿色的发夹，你戴上肯定会更漂亮。说着，她就把一个浅绿色的蝴蝶发夹别在了小姑娘的头发上。当她拿着镜子让小姑娘看时，这位小姑娘简直惊呆了，因为她从来都不去刻意地去

照镜子，她认为自己长得不漂亮，可这一看，镜中的自己简直就是另外一个人，特别是那个浅绿色的发夹在头发上面闪闪发光，一下子，她飘飘然起来了。

她从来都不知道自己可以很漂亮，就这样想着，她渐渐飘飘然起来了。她变的很开心很高兴，于是就付了钱，跑出去了。在店门口她兴奋地撞到了一位老绅士的身上，说声对不起之后，她又跳着向前跑了。她隐约听到那位老绅士在叫她，可她哪里还顾得上那些，就一直很兴奋地跑着跳着。

不一会儿，她跑到了城镇中央的那条大马路上。这时，她听到有人在望着她说：那是谁家的小姑娘，长得真漂亮，怎么以前都没有见过呢？她开心极了，脸上散发出从来没有的笑容，夕阳照在她红红的脸颊上，就像位公主一样。

这时，她看到了那位她心仪已久的男孩。这个男孩也看到了她，微笑着向她走来，轻轻的对她说：你愿意成为我今天晚上的舞伴吗？她简直太意外了，太不可思议了。

于是，她决定把剩下的4美元也换成礼物，就又回到了那个饰品店。一进门，她就看到那位老绅士在那里，老绅士说："小姑娘，我就知道你会回来取发夹，刚刚在出门时你太着急，给撞掉了。"

故事到这里就结束了，与其说是一个发夹改变了这个小姑娘的一生，不如说是她带着自信跑了一路。把发夹别在头发上的那一刹那，当她端详到镜中自己的那一瞬间，自信就在她心里慢慢的发芽了。随着她一路上的兴奋和旁人的赞美，让她的自信从内心深处奔流出来，直泻到脸上。自信的女孩是最美丽的，所以她容光焕发，气质满怀。

带着自信上路吧！自信的目光是明亮的，自信的微笑是美丽的，自信的神态是从容的。舍弃自信的人，眼睛总是盯着脚尖，双手总是偷偷地藏在口袋里。他一生只能呆在一个狭小的角落里，不敢吱声，

不敢作为。拥有自信的人，总是神态自如地轻步如飞，可以伸手去拥抱全世界，所以，他的脚步就踏遍五湖四海，扬名天下。

青少年朋友们，从现在开始带着自信上路吧！不要惧怕那道头疼的化学题，不要惧怕那门绕口的英语，不要惧怕那友善的双手，不要惧怕那渴望的眼睛。带着自信上路，敞开心扉交流，张开双手拥抱，起航梦想之舟！

7. 我行我能

自信，是一个人迈向成功的基石，是人们成就伟业的先导，更是对自身实力的高度认可。人活在世上靠的就是自信，有了自信，这个世界上就没有越不过的沟沟坎坎。如果一个人缺乏自信心，那么他的人生就会昏昏沉沉，甚至被世界遗忘在某个小小的角落里。

其实在这个世界上，有不少人都活在自卑的阴影中，有些人自卑于相貌不如人，有些人自卑于学历不够高，还有些人自卑于地位太低下……总之，这种种的不如意是使他们的心头始终笼罩着一层阴影，不能全身心地投入工作、学习和生活当中，身心疲惫。其实这又是何必呢？

俗话说得好："金无足赤，人无完人。"每个人都有自己的不足之处，如果人人都向自卑低头的话，恐怕这个社会也就不会进步了。所以，不要给自己太多的压力，应该学着鼓励自己，告诉自己：既然别人可以做到，自己一定也可以做到。重新拾起一份久违的自信，战胜怯弱和自卑，这样才能离成功更近一步。

自信是成功的第一步

多年前的一天晚上，一个叫做亨利的年轻人，表情沮丧地站在河

边发呆，这一天是他的生日。然而，他却不知道自己是否还应该继续生活下去，因为他觉得自己实在是糟糕透了。因为亨利从小便没有父母，是在福利院里长大的，长的不英俊，身材也不高大，说话还带有浓重的乡下口音，这些都让他感到自卑极了，多年来他一直都很瞧不起自己。直到现在，他也没有勇气去应征工作，哪怕是一份最普通的工作。

就在亨利在是生是死的困惑中徘徊的时候，与他一起在福利院长大的好朋友约翰跑了过来，兴冲冲地对他说："亨利，告诉你一个好消息！"亨利听了一点都不兴奋，悲戚地说道："好消息从来就不属于我。"约翰接着说："不，我刚刚从收音机里得知，拿破仑曾经丢失了一个孙子。播音员描述的身世和相貌特征，跟你十分相似。"听到这儿，亨利一下子精神大振，他不敢相信自己的耳朵，"真的吗，我竟然是拿破仑的孙子？"他想象着爷爷虽然也是矮小的身材，但却曾经指挥着千军万马，并受到了无数人的崇拜。顿时，他觉得自己也不再渺小了，浑身上下充满了力量。第二天一大早，亨利便满怀信心去一家大公司应征工作。20年后，已成为公司总裁的亨利已经得到确切的查证，自己并非拿破仑的孙子，但这些已经不重要了，重要的是他拥有了成功的人生。他这样说："学会接纳自己，欣赏自己，是成功最重要的前提！"

自信，让亨利彻底改变了自己的人生，自信的力量可见一斑。对于青少年来说，也经常会遭遇学习上的挫折，特别是考场上的连续失败，对于个人的自信来说是极大的考验和挑战。很多青少年都因为承受不了这样的打击和失败而"一朝被蛇咬，十年怕井绳"或"因噎废食"，发展到后来就会对自己的能力有所怀疑甚至贬低自己。自信心的丧失，势必会失去学习的动力，学业上的成功也就有些遥不可及了。因此，一定要摆脱自卑的阴影，时时刻刻提醒自己："别人可以做到，

为什么我就不行?”要相信只要自己努力，人生收获的季节离你已经不太遥远了。

不，一定是乐谱错了

自信，能够唤醒沉睡的潜能。正是因为有了自信，李白才做出了“天生我才必有用，千金散去还复来”的千古佳句；正是因为有了自信，阿基米德才发了“给我一个支点，我就能够撬动地球”的豪言壮语；正是因为有了自信，毛泽东才彰显了“自信人生二百年，会当击水三千里”的人格力量。自信，能够为人生带来无穷无尽的动力，可以说，有了自信你便成功了一半。

世界著名的交响乐指挥家小泽征尔就是一个浑身上下充满了自信细胞的人。有一次，他参加了世界优秀指挥家大赛，决赛的时候他按照评委会给的乐谱指挥演奏，凭着自己对音乐敏锐的判断力，小泽征尔发现了一丝不和谐的声音。刚开始，他以为是乐队的演奏出现了错误，于是示意停下重新再来一遍，但第二次的演奏同样不能令他满意，他把怀疑的矛头指向了乐谱，一定是乐谱有问题。但是，在场的所有的作曲家和评委会的人都十分坚定地表示，乐谱绝对没有问题，是他自己的演奏出了问题。面对这一大群权威人士，小泽征尔又思考再三，最终斩钉截铁地大声说：“不！一定是乐谱错了！”谁知他的话音刚落，评委们就都站了起来，对他报以热烈及赞赏的掌声，祝贺他大赛夺魁。

小泽征尔这才明白事情的真相：原来这是评委们精心设计的一个“圈套”，以此来检验指挥家们发现乐谱有误后，面对诸多权威人士的否定，是否能坚持自己的主张。在小泽征尔之前的两位选手虽然也发现了错误，但终究“屈服”于权威们的意见而随声附和，最终被淘汰出局，小泽征尔当仁不让地摘取了世界指挥家大赛的桂冠。

小泽征尔的自信不仅折服了评委，同时也折服了世界。同时，青

少年更应该向他学习自信的精神，让自己的人生迈一个新台阶。当前的社会是一个改革、创新的时代，各种全新的思想潮流纷至沓来，给青少年们带来了极大的冲击。青少年一定要牢记做人的基本道理，树立全面的自信心，面对任何打击，面对任何困难，都拿出自信来。

人生的道路布满了荆棘，即使是成功者的生活，也不会总是风调雨顺，但是只要有战胜困难的决心和信心，就可以“守得云开见月明”。当然，自信绝不是毫无节制的自大和炫耀，不是乱拍胸脯乱说大话，而是智慧与才能的结晶。自信心就像是指引帆船前行的航标，失去了它，船就只能在原地打转，永远到达不了成功的彼岸。

8. 为自己奏响青春自强曲

21 世纪是充满竞争的世纪，敢于冒险，敢于探索，善于竞争，富于创造是 *21* 世纪对人才规格的基本要求。但一个人的成功不在于他有多大的天赋，也不在于身处多好的环境，而在于他是否有坚定的意志，坚强的决心，在于他是否能脚踏实地，百折不挠，自强不息的一步一个脚印地向着崇高的理想迈进。

自强，亦即自强不息，是中华民族崇高的民族道德精神，语出《易经》“天行健，君子以自强不息。”即要求人要积极进取，永不停息。也就是说人能通过自己的努力向上并奋发进取，对未来的无限憧憬和不懈追求。自古以来，凡是有志气有本领的人，必定是自强不息的人。老一辈常教导我们：“少壮不努力，老大徒伤悲”、“老骥伏枥，志在千里”，我们的祖先更是以自强不息的精神历经磨难、艰苦奋斗，创造了伟大的东方文明，屹立于世界民族之林。他们矢志不渝、刻苦勤奋、拼搏向上、自立自强的精神品质都是现代学生必须拥有的。

自强是战胜困难的法宝

纵观古今中外，那些有成就的革命家、科学家、艺术家、文学家无不有着坚定的必胜的信念，有着艰苦奋斗、顽强拼搏的精神，有着百折不挠、奋发向上的毅力。发明家爱迪生，出身低微、生活贫困，只上了三个月的小学，就被老师认为是个傻瓜，不可理喻而后令其退学。爱迪生虽未受过良好的学校教育，但凭个人奋斗和非凡才智，自信，自强，自立，以坚忍不拔的毅力、罕有的热情和精力从千万次的失败中站了起来，克服了数不清的困难获得巨大成功，平均每15天就有一项新发明，成为美国著名的发明家、企业家，被誉为“发明大王”；张海迪，一个高位截瘫、连学校门槛都没进过的人，靠着顽强的毅力，战胜了无数的困难和挫折，自学成才，取得了许多正常人都难以取得的成绩；史铁生在20岁时不幸身染瘫痪，痛苦思索，探寻出路，经过长时间的努力，从一个初中毕业生最终成为著名的作家；体操健将小桑兰，不幸受伤以致瘫痪，但他勇敢地面对不幸，微笑着接受人生的痛苦，自强不息，成为著名的主持人。

古人云：“天将降大任于斯人也，必先苦其心志，劳其筋骨，饿其体肤，空乏其身，行拂乱其所为，所以动心忍性，增益其所不能。”每一个人无论做任何一件事都是不容易的，都要付出很多的心血和勇气。常听人们说成功太难，太难！难在哪里？是不好的环境，还是事情不易办成？其根本的原因不是这些，而是缺乏一种去战胜困难的心理，一种自强的勇气。

安逸无忧、一帆风顺的生活谁都向往，但不幸和困难却是人生不会避免的，但也正是这种种的困难，使我们在无知中学到许多老师、父母无法教给我们的东西。人只有在挫折面前永不低头，自强不息永在心胸，才能获得真正的成功。

所有自强的人都对人生理想有着执著的追求，他们坚信“天生我材必有用”“前途是自己创造出来的”。他们藐视困难，面对人生激流中的暗礁与险滩，奋勇搏击，不懈努力，面对挫折和失败，坚强地站起来，用自己毅力，勇气和智慧去克服，在他们的眼中，即使外面的世界是漆黑一团，看到的依然是群星璀璨和明丽的阳光雨露。而命运之神也只愿把意志坚强、自强不息的人高高举起，送入成功的天堂，不管他是健康人，还是残疾人！

青少年，犹如初升的太阳，朝气蓬勃，充满活力，满怀着对未来的美好憧憬。培根曾说过：“人人都可以成为自己命运的建筑师。”生长在 *21* 世纪的青少年如果不去经历大自然风雨的考验，就会像温室里的花朵一样容易凋零。青少年从小就要树立正确的努力方向，一步一步去实现自己的理想，在面对前进的荆棘时，不要畏缩，因为通往云端的路只会亲吻攀登者的足迹；当面对挫折时，不要灰心，因为试飞的雏鹰也许会摔下一百次，但肯定会在第一百零一次试飞时冲入蓝天。

自强不息是青少年敲开成功之门的金钥匙，是通向成功的阶梯！

做一个自强的人

自强是所有人走向成功不可缺的品质，更是青少年须拥有的，但事实上，我们常会听到，有的父母抱怨自己的孩子依赖性太强，自己能做的事情不去做，不会做，全依赖父母；有的父母抱怨孩子没志气，缺乏上进心，做事没毅力；有的父母抱怨孩子经不起一点困难和挫折，总是知难而退；还有的孩子总是贪玩，学习时无精打采，还厌学、逃学……其实这都是缺乏自强的表现。自强的精神之所以可贵，是因为自强者都是依靠自己的拼搏奋斗，而不是他人的荫庇提携去获得成功；自强是坚持不懈的发奋努力、永无止境的执著追求，而非一朝一夕的战胜困难、解决问题；自强还是能与时俱进、开拓创新，能不断革故

鼎新、应时以变，以至步入更高更强的境界。青少年怎样来培养自身自强的品质，让自己也拥有这能促进成功的法宝呢？

自主自立。就是要求青少年，无论在生活上还是在学习上，凡事要靠自己的力量不靠别人的观念，自己对自己负责，自己承担起对自己的责任。俗话说："自力更生。"清代著名画家郑板桥告诫儿子："流自己的汗，吃自己的饭，自己的事业自己干，靠天靠人靠祖宗，不算是好汉。"每个人的命运都是掌握在自己手中的，一个人的成长中只有依靠自己的力量，把争取个人正当的利益和幸福放在自己的努力基础之上，才能提高自身的能力，让自己得以发展。特别是在身处逆境的情况下，更要靠自己，因为，别人的帮助只有在自己努力的基础上才有所作用。

自信。要求青少年对自己要有充分的认识，相信自己能通过自己的力量在生活和学习上取得成功。面对困难时，有勇气、有毅力，敢拼敢闯、敢想敢干、勇为人先，坚信"我能行"的信念。但自信不是自高自大、孤芳自赏，过高的估计自己。青少年要根据自己的能力去办自己的事，不要有什么过高的奢望，应从一点一滴做起，去迎接人生的挑战。我们常说，"坚持下去，就是胜利"，"自信"能产生一种强大的力量，它能够在困难和失败的环境下给你以勇气、给你以希望。

自勉自胜。自勉，就是勉励自己，自己鼓舞自己，自己激励自己；自胜就是能克制自己、战胜自己的弱点，激励自己不断前进。在遇到困难时，要懂得自勉，让自己作为自己的动力源，自己开动自己，自我发动。要懂得自胜，困难并不可怕，怕的是战胜不了自己内心的恐惧。人最大的敌人是自己，如果能保持清醒的理智，做出正确的选择，保持坚定的意志和坚强的决心去战胜自己，那还有什么困难解决不了呢？

青少年被喻作"祖国的花朵"，冬去春来，花谢花开，再美的花

朵总有一天会凋零，可有的花能结出果实，造福人类，有的花徒有虚名，无果而终。所以青少年在这个花季里，从现在开始，做个自强的人吧。让我们用以实际行动迎接来自生活所给予的一切，无论在任何困难跟前都不要屈服，始终以顽强的斗志生活着、奋斗着，以满腔热情笑对自己的学习和生活。

带着自强，在属于自己的舞台上，尽情地、不断地展示自己，在通往成功的人生路上印下一个个坚定而稳健的脚印，舞出时代最炫目的舞姿来！

第二节　克服心理弱点

1. 别在忌妒中迷失自己

生活中，青少年常常面对“忌妒”的困扰。忌妒是什么呢？忌妒是人的本能，具有很强的破坏性。忌妒是一种难以公开的阴暗心理，也是一种以自己地位相似、水平相近、年龄相仿的同辈人为指向的带有敌意的心理倾斜现象。培根说：“人类最卑劣、最堕落的情欲是忌妒”。所以，青少年在成长的道路上一定不要有忌妒，每个人的世界都是不一样的，都有自己生活方式。只要过得快乐，没必要去嫉妒别人，嫉妒只会增加自己的痛苦，不会带来快乐。

认识忌妒心理

小红与丽丽是某重点高中的高一学生，同在一个宿舍生活。入学没多长时间，两个人就成了形影不离的好朋友。小红活泼开朗，丽丽性格内向，沉默寡言。丽丽逐渐觉得自己像一只丑小鸭，而小红却像一位美丽的公主，心里很不是滋味。她认为小红处处都比自己强，占尽风头，时常以冷眼对小红。高三时，小红参加了学校组织的主持人大赛，并得了一等奖，丽丽得知这一消息后妒火中烧，趁小红不在宿舍之机将她的证书撕成碎片，扔在她的床上。她们两个人从形影不离到反目为仇的变化令人十分惋惜，归根结底，都是忌妒惹的祸。

忌妒，是对才能、成绩以及条件和机遇等方面比自己好的人，产

生的一种怨恨和愤怒相交织的复合情绪。它是一种消极的情感，是一种十分有害的不良心理，忌妒别人除了对于自己的危害以外，他们还会常常的做出中伤别人、怨恨别人、诋毁别人等一系列消极的行为。忌妒往往是和心胸狭隘、缺乏修养联系在一起的。一些心胸狭窄的人会因一些微不足道的小事而产生忌妒心理，还把本该用在学习上的时间和精力消耗在勾心斗角上，别人任何比他强的方面都成了他忌妒的源起。他们心胸狭隘，自我中心严重；争强好胜，样样不服输，看见别人好就生气；对他人充满敌意，耿耿于怀，怀恨在心，严重者甚至不择手段地打击、诬陷其所忌妒的对象。这些都是有忌妒心理的危害。

引起青少年忌妒心理的原因很多，在家庭方面，与家长望子成龙心切而又对子女施加的心理压力过大有关；在交往上，处于生理与心理急速发展时期的青少年特别喜欢攀比，看见别人穿了名牌衣服、名牌鞋，就想别人有的我也得有。这种盲目“攀比”，就会导致心理失衡，容易产生“忌妒”问题。一些青少年甚至看到别人的身材、相貌比自己好的时候，也会产生忌妒心理。在学校教育方面，与教师表扬和批评不当有关，与集体主义教育以及学校目的性教育不够有关；在他们自身方面，与其心胸狭窄、缺乏理智、人格不健全、心理不成熟有关。

如何克服忌妒心理

忌妒是一种普遍的社会心理现象，人人都有，没有竞争心的人是不求上进的。但过度的攀比会产生忌妒甚至嫉恨，这种种负性的心理会给青少年带来不可估量的危害。因此，青少年要理性的控制自己的情绪。在忌妒还没有转化成嫉恨前转回到忌妒的原始起点上来，让忌妒成为你们奋斗的一种动力。然而，要克服忌妒心理，主要让自己学会一些调适心理的方法，具体如下：

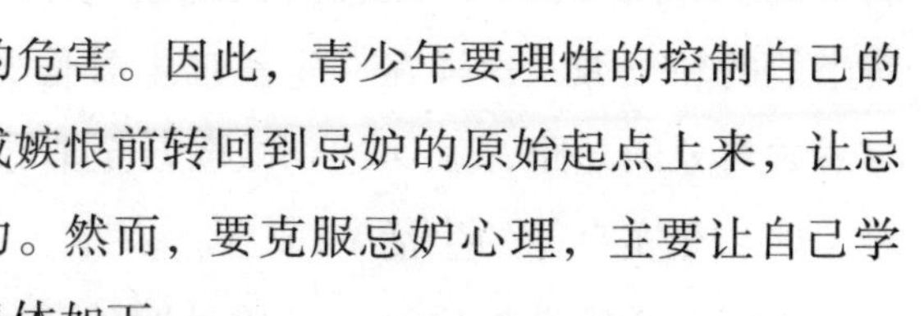

一、学会胸怀大度，宽厚待人

大凡嫉妒心理很强的人，都是心胸狭窄、多疑多虑、自卑、内向、心理失衡、个性心理素质不良的人。努力完善自己的个性因素，提高自己的心理素质，以健康的心态面对生活。也就是说要有广阔的胸怀，要有容人之量。每个人都有长处和短处，不能因为自己有所短而乞求别人不超过自己，也不能因为你的成绩而阻碍别人的进步。

二、客观对待别人和自己，化忌妒为动力

所谓人非圣贤、人无完人，一个大度有涵养的青少年，是不会让忌妒任意滋长的，当对别人表示不服时，可将不服气变为志气，使自己有一种竞争意识，把别人学习好、能力强的特点作为促进自己发愤向上的因素。不是把精力用在怨恨别人、打击别人等无用功上，而是把注意力放在提高自己的成绩，增加自身的素质，在追赶别人的同时实现人生的超越。通过自强不息的努力去超过别人，这本身就是一种健康意识。这种意识表现得恰当，就会使自己的想法成为达到目标的动力，使自己的追求具有良知和道义。相反，如果总是忌妒比自己成绩好的人，就会造成精神负担，对人对己都没有好处。

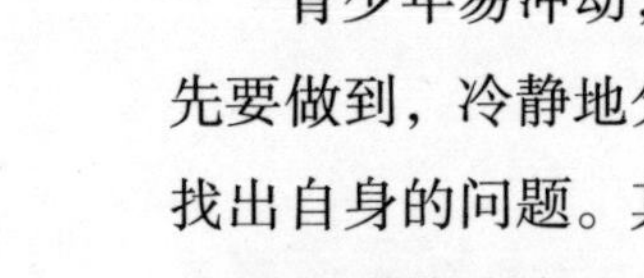

三、客观的看待自己

青少年易冲动，所以在忌妒心理萌发时，或是有一定表现时，首先要做到，冷静地分析自己的想法，同时还要客观地评价自己，从而找出自身的问题。其次，要积极主动地调整自己的意识，控制自己的动机和感情。当认清了自己后，再重新去评价他人，自然也就能够有所觉悟了。因为，聪明人会扬长避短，寻找和开拓有利于充分发挥自身潜能的新领域，这样在一定程度上补偿先前没能满足的欲望，缩小与忌妒对象的差距，从而达到减弱乃至消除忌妒心理的目的。

四、充实自己的生活

英国哲学家培根说过：忌妒是四处游离的性欲，能享有它的只有

闲人。如果学习的节奏很紧张，生活过得充实有意义，就不会有功夫泡在忌妒里。可借助各种业余爱好来宣泄和疏导，如唱歌、跳舞、练书法、下棋等。另外，最好能找知心朋友、亲人痛痛快快地说个够，他们能帮助你阻止忌妒朝着更深的程度发展。

五、自我安慰与自我反省

阿 Q 的精神胜利法，就是自我安慰的最好方法。因此，青少年对于别人的成绩、长处要心存赞许，不要总想着贬低比自己强的人。要想到别人的成功大多是靠自己的努力得来的，自己要取得那样的成功，也必须付出艰辛的劳动。蓄意贬损别人，只能败坏自己的心情和声誉，于己于人毫无益处。忌妒心理的产生往往是由于误解所引起的，即人家取得了成绩就误以为是对自己的否定。人固然应该喜欢自己、接受自己、肯定自己，但还要客观看待别人的长处，这样才能化忌妒为竞争，才能提高自己。

六、减少虚荣心

青少年应多踏实，多学习，少虚荣就能少忌妒。虚荣心是一种扭曲了的自尊心，它追求的是虚假的荣誉。对于忌妒心理来说，要面子、不愿意别人超过自己、以贬低别人来抬高自己，恰恰是虚荣的表现，一种空虚心理的需要。因此当你开始有虚荣心时，你就想一下自己为何要这么做，这么做是否有必要？别人做得好应该好好向别人学习而不是去忌妒。所以克服一分虚荣心就少一分忌妒心。

七、加强个人修养，培养良好的情操

忌妒往往使青少年们情绪纷乱，难以平静。这就需要引导学生多读一些有号召力、奋进力的文章，多看一些名著，多读一些精言名句，多看有关先进人物事迹的报道，领悟做人的道理。具备更好的心理素质，才能使自己面对漫长的人生，做到得意时谦虚谨慎，失意时泰然处之，最终走向成功之路。

忌妒心魔力量是可怕的，忌妒心理的预防和克服不是一朝一夕可以做到的。要还自己纯净的心灵天空，还是需要靠青少年自己来努力，然而只要认识到忌妒的危害并掌握一些克服忌妒心理的方法，就会很快找回自己的。不但如此，以后还会理智的控制自己的情绪，让自己永远不会迷失在忌妒中。

2. 赶走你心中的压抑

压抑是现代社会较为普遍的病态及社会心理。在心理学上，它是指个人受挫后不是将变化的思想和情感释放出来或是转移到其他地方，而是将这种心理表现压抑在心头，不愿承认自己烦恼的存在。

压抑危害大

压抑是现代人所面临的共同困境。它是指一个人受到不能接受的挫折后，把这些不愉快的排斥到意识之外，压抑到潜意识之内，推迟而满足需要的状态。像是当我们陶醉在童年故事中时，很想开怀大笑但却因某种原因而又不敢在现实生活中放声大笑的意境，这就是在压抑自己的情绪。

压抑的心理一般来源于外部环境，也有可能是来自自身的原因。在生活中，青少年要学会适当地控制自己的情绪，但不要压抑自己的情绪。因为，每个人的情绪是不会自然消失的，如果你强行的压抑情绪会让你的心灵深处受到创伤。这种创伤可能会使你颓废，甚至还有厌世的心理，从而对生活失去信心。

小斌是某校高三的学生，他自幼学习成绩就非常好，父母把希望都寄托在他的身上，希望他能考上名牌大学。因此，母亲每天晚上都陪他看书、学习到深夜。由于小斌过重的学习及家庭的压力下，他觉

得自己的精神都快要崩溃了，甚至有不想参加高考的念头。他的心情十分压抑，总是不能安心的学习，性格也逐渐变得孤僻、易暴躁，以至于每天很晚了还是不能入睡，这种不良的情绪使他的成绩更是一落千丈。最终，还是没能考入理想的学府。

可见，压抑情绪的危害之大！每个人在生活的海洋中努力拼搏之时，都会面临两种状况，即成功或失败。如果失败了可能会导致沮丧，然而，沮丧的心理最有可能会导致情绪的压抑。要知道，人的一生中不可能是一帆风顺，如果心情不好或情绪不稳定时，要采取积极的方式来宣泄自己的不良情绪。如与朋友交谈、听些愉快轻松的音乐、参加一些娱乐性的体育活动等，也可以适度地大哭一场，切不可压抑。因为，压抑只是起到暂时减轻焦虑的作用，它不能让那些不良情绪完全消失，而是会变成某种潜意识，使人的心态和行为变得更为消极。

战胜压抑情绪

对于青少年来说，生活环境的不协调或经受过多的挫折都可能产生压抑的心理。原因如下：

一、日常生活中的压抑。青少年在生活中必然要面临学习、生活等事情，如果自身的能力不能承担这些正常的实践任务或者经常过度地学习和生活，那么就会感到痛苦和压抑。例如：有些青少年面对繁重的学习负担及成绩下降，就会有压抑消沉等消极表现。

二、日常的行为规范产生的压抑。行为规范是调节、约束人们的行为准则。如果青少年有太多的行为规范或对自己的要求过于严格，然而，这些行为规范与你的接受能力相差甚远，因此极容易产生压抑的心理。

三、人际交往产生压抑。有些青少年性格内向，不爱说话。在学校的大家庭中因为自己性格孤僻、内向，不能被别的同学接纳。因此，

内心比较孤独、忧郁而产生的压抑心理。

四、自身的条件产生的压抑。有的青少年因为自己长的丑陋或者有其他的身体缺陷而产生自卑、忧郁等压抑心理。有这种心理的青少年总认为别人会看不起自己，其在这种消极的自我暗示中会变得自闭或自暴自弃。

那么，生活当中对于压抑情绪的产生，青少年应如何战胜压抑的心理呢？方法如下：

1. 要正确的看待自己。如果青少年遇到挫折时，要先找出自身的主观原因，用自己的特长去弥补自身的不足。相信这个世上没有“十全十美的人”，每个人都有优点和缺点，只要你积极向上、扬长避短，建立一个自立自强的心态，那么，压抑的心理就自然而然的烟消云散了。

2. 要多交朋友。性格内向的青少年要多交一些性格开朗、乐观向上的同龄朋友。这样你就会体会到友谊的温暖，从而走出压抑的困惑。

3. 让快乐走进你的生活。有压抑心理的青少年一般都放弃了自己最喜爱的业余活动，要知道，这样做只会让你的心情更糟。此时，解除心理压抑的有效方法就是寻求快乐，你可以做些你喜欢的事情或是听些你喜欢的音乐等等。心理学家研究表明，一个人的行为影响着他的情绪。如果你感到压抑时，不要拖着疲惫的身体垂头丧气地走路，要像轻风那样疾走；不要愁眉苦脸，要露出你魅力十足的笑脸，这样你就会发现阳光照射着不同的色彩。

4. 亲近大自然。如果你的精神感到压抑时，可以到公园或田间去散散步，感受一下大自然的气息。

5. 适当的锻炼身体。英国著名的教育家斯宾说“健康的人格寓于健康的身体”。据有关人士调查研究，曾有许多情绪压抑者通过长期的体育锻炼，在精神上就轻松许多。有压抑心理的青少年可以做些

适当的体育锻炼。例如散步、打篮球、骑车和游泳等。因为这些简单的运动可以让你的肌体得到彻底的放松，从而消除你紧张、压抑的心情。这样不仅让你精力充沛，还可以让你信心十足地面对生活的每一天。

对于朝气蓬勃的青少年来说，压抑情绪的产生其危害性是极其严重的。处于压抑情绪状态下的青少年，一定要科学的认识压抑情绪，并掌握一些有效的方法进行防治，只要怀着一颗战无不胜的心去面对，你就可以左右自己的情绪。

总之，美好、多彩的明天不应该被压抑的情绪所控制，青少年应培养健康向上的心理，正确的控制自己的情绪，让自己健康快乐的成长。

3. 烦恼都是自找的

每个人都曾有过烦恼，也许你现在正在经历烦恼。其实，这些烦恼往往都是我们自找的。一颗浮躁的心灵往往被烦恼所牵挂。人毕竟是有理性和感性两面的，从感性方面来说，烦恼也是人之常情，是人人避免不了的。但是，由于每个人对待烦恼的态度不同，烦恼对人的影响也就不同，于是就有了所谓的乐观主义和悲观主义之分。乐天主义者是不会给自己找烦恼的，他们善于淡化烦恼，所以活得轻松，活得潇洒；而那些悲观主义者却喜欢自找烦恼，一旦有了烦恼，就发挥了放大镜的功效，愁思连连，剪不断，理还乱，活得很沉重。

青少年若想远离烦恼，就必须保持良好的心态，要有颗大事化小，小事化了，笑看云卷云舒，静观花开花落的心态。保持一颗平静的心，释放自己的心灵，让笑容永远在你的脸上绽放出最美丽的花朵。这样，无论你面对的事情有多么困难，多么复杂，在你看来，根本就不算

困难。

心态左右心情

心态左右着我们的心情，我们开心时，就会感觉阳光很美好，做什么都是干劲十足，成功往往会也来得更容易些。相反，心情不好时，就算阳光再明媚也无法照亮我们的心空。我们所感受的就是那永远的阴霾，甚至越是好的天气越会让我们感到烦闷、压抑、那么，失败的几率也会大些。

保持良好的情绪，是我们促成成功的关键。积极的情绪是一种好的状态，也是一种良好的自身修养，更是我们见到每个人时的必要条件反射。如果我们用一种低落的情绪去面对我们身边的人的话，那见面一定不会取得好的效果，别人看到我们那个苦瓜脸，谁愿意再和我们继续待下去呢？因为谁也不喜欢和一个情绪低落的人沟通！

青少年，以一种积极的情绪，以一种积极的状态来面对你们的生活，这样你们会容易收到阳光般的回馈！要让每一天都感觉特别有精神，特来劲，信心十足。在这种情况下，无论做什么事，成功都会眷顾你们的。但是这种状态，一般不容易控制，那我们又将如何才能让自己达到自我娱乐，自我开心释怀呢？去找到烦恼的根源。

有一个和尚，每次坐禅都感觉有一只大蜘蛛在干扰他，他想赶走它但总是束手无策，这使他很烦恼。师父知道后，让他在坐禅前先预备一支笔，等蜘蛛来时就在它身上画个记号，以便知道它来自哪里。和尚照办了，等他坐禅完毕，一看原来记号画在了自己的肚皮上。

青少年，你们从这个佛学小故事读懂了什么？这个故事其实在告诉我们，烦恼就源于我们自己。如果你自己不给自己烦恼，别人也永远不可能给你烦恼。明白了这个道理，你的人生怎能不快乐？

我们的烦恼是因为自己把自己捆住了。想要将自己从烦恼中解脱

出来时，首先要做的就是问问自己的心，是否真的在烦恼中。烦恼是自己加给自己的。正所谓：天下本无事，庸人自扰之。

大家可以想象一下：有20多个水杯摆在茶几上。这些杯子各种各样，材料也不相同，有玻璃的，有塑料的，有瓷的，有纸的；有的杯子看起来高贵典雅，有的杯子看起来粗陋低廉……当你们渴的时候，让你们自己去倒水喝，你觉得结果会怎样呢？

大家会不会有意的拿起自己中意的杯子倒水喝呢？你们挑选的杯子是否都比较好看，比较别致的？你们是否选用了塑料杯和纸杯？谁都希望手里拿着的是一只好看一些的杯子，所以这也是很正常的，爱美之心人还皆有之，何况对待我们身边的事物呢？但是，你们有没有想过你们需要的是水，而不是杯子。杯子的好坏，并不影响水的质量。如果我们有意把心思用在鸡毛蒜皮的琐事上，自然就难免自寻烦恼。

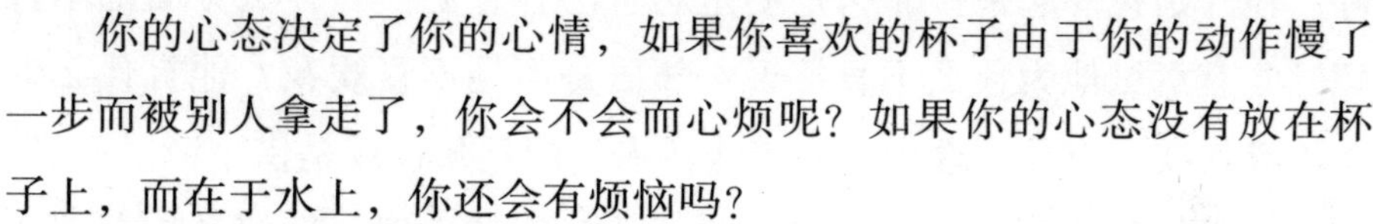

你的心态决定了你的心情，如果你喜欢的杯子由于你的动作慢了一步而被别人拿走了，你会不会而心烦呢？如果你的心态没有放在杯子上，而在于水上，你还会有烦恼吗？

烦恼是想象出来的

烦恼都是我们内心想象的，事实上，并没有那么多烦恼。心理学家说："一般人所忧虑的'烦恼'，有40%是属于过去的，有50%是属于未来的，只有10%是属于现在的。其中92%的'烦恼'未发生过，剩下的8%则多是可以轻易应付的。"因此，烦恼多是自己找来的。这就是所谓的"烦恼不寻人，人自寻烦恼"。

为了研究人们常常忧虑的"烦恼"问题，心理学家做了一个实现。

心理学家要求实验者在一个周日的晚上，把自己未来7天内所有忧虑的"烦恼"都写下来，然后投入一个指定的"烦恼箱"里。

过了三周之后，心理学家找开了这个“烦恼箱”，让所有实验者逐一核对自己写下的每项“烦恼”。结果发现，其中9成的“烦恼”并未真正发生。然后，心理学家要求实验者将记录了自己真正的“烦恼”的字条重新投入了“烦恼箱”。

又过了三周之后，心理学家又打开了这个“烦恼箱”，让所有实验者再一次逐一核对自己写下的每项“烦恼”。结果发现，绝大多数曾经的“烦恼”已经不再是“烦恼”了。

实验者切身地感到，烦恼这东西原来是预想的很多，出现的很少。

烦恼总是包含着不少想象。想象中的事情不是真实的，但是烦恼中的想象却是世界上最真实的事情之一。

一个人要往墙上挂幅画，家里找不到锤子，就想找对门的邻居借。走到邻居的门口，突然想到上次见到邻居时对方好像没有给自己打招呼。他开始犹豫起来：邻居是不是对自己有意见？为什么见面都不打招呼？有意见他为什么不直接说？邻居是不是不喜欢我？他有什么理由不喜欢我？有什么理由把我当作坏人？而且我仅仅是借个锤子而已。就是不喜欢我也可以借我个锤子呀。他越想越生气，就使劲拍打邻居的大门。邻居把大门打开了。没等邻居说话，他就非常愤怒地对邻居高声喊道：“我只是想问你借个锤子，你为什么连锤子都不借给我？”

事实还没有发生，就去想象它已经发生的结果，你不是自己给自己烦恼吗？

青少年，别再自寻烦恼了，相信你的人生一定会出现一种全新的境界，你的生活会充满友好、鲜花和阳光，会令你赏心悦目，使你走上成功之路。最重要的是，这会为你的生活带来更多更灿烂、美好的微笑。

心态不好，心情就不会好，心情不好，烦恼随之就来了，这是一连串的连锁反应。所以青少年有保持一个良好的心态，去面对人生，将烦恼这种阻碍成功的情绪弃掉。世界就像一面镜子，你对它笑，它就对你笑；你对它哭，它就对你哭。人的生命太短促，太宝贵了，千万不要去自寻烦恼。

4. 情绪需要巧妙转移

人是情绪化的动物。可是，情绪又是一种很难说清楚又很难自己决定的东西，从心理学的角度来看，情绪是完全可以控制的。

然而，由于情绪非常不容易捉摸，也不容易控制，所以，很多人都讨厌情绪。青少年处于青春的发育期，缺乏社会经验的青少年对情绪的控制则更加不理智。

从整体上来说，青少年属于一个极为特殊的群体。他们的成长是快乐的，但与此同时，他们的成长也是迷茫的。由于对情绪的控制不当，很容易陷入成长误区。作为青少年必须学会巧妙的转移自己的不良情绪，方可为自己的成长加足砝码。

一般说来，青少年试图驱除不想要的感受，同时也会设法驱除伴之而来的苦恼，最常用的使用的办法就是用意志力来迫使这种感受消失，集中意志力来摆脱不舒服感受的过程，就是一种情绪上的转移。

情绪，此乃人之常情

每个人的情绪都会时好时坏。学会控制情绪是我们成功和快乐的要诀。实际上没有任何东西比我们的情绪，也就是我们心里的感觉，更能影响和控制我们的生活了。

一般来说，我们所有的情绪都有属于它正面的意义，即使有一些“负面”情绪，也绝不应该为我们所厌。事实上，它们都起到了非常重要的作用，是完全值得我们重视的，别忘了情绪本身就是一种推

动力！

李特尔太太一生都任劳任怨地侍奉丈夫和三个儿子。她总是为他们的幸福甘愿牺牲自己，忘却自己的需要。但她暗自觉得生活空虚，从未做过任何使自己快乐、值得自豪的事。最后她开始受怨恨和愤怒的影响，不好好地服侍丈夫和儿子了。她做事马虎，不愿帮忙。她的行为实是内疚心理的表露－－很多年前就应发出的心声。

李特尔太太很难向家人发脾气，她总以为发怒就表示不爱对方。其实愤怒和爱一样都是人情之常。我们不应把情绪分为好和坏的，应该分为愉快和不愉快的，设法了解情绪并予以解决应对，然后我们才能过有建设性的生活。

从这里，我们可以知道，第一，动感情是消耗精力的；第二，一切情绪，尤其是不愉快的情绪，都必须等它消了才会好。

因此来说，有些问题并不在情绪本身，就要看你是如何去拓展你情绪上的选择空间，也就是情绪运用的能力。如果你感到你在情绪上没有选择的余地，那么，“负面”情绪似乎往往要占上风，它将主宰并控制你的思想及行为。当你有了情绪上的运用能力时，你就能对这些情绪产生新的想法并赋予它们新的价值。

作为青少年来说，只要在遇到不良情绪袭击的时候，学会巧妙的转移就会处理到你心理上的所有难题。因为情绪真的很需要你巧妙的转移，否则就会对青少年的身心健康产生不良的影响。

巧妙转移你的情绪

根据心理学家研究表明：情绪的转移有助人类的心理健康。青少年只要适当的情绪转移，就可以让你的心情变得好起来，从而更好的梳理自己的情绪。情绪转移的途径也有许多种。在生活中大多数的情况下，你完全可以选择你所要体验的情绪。

有句话说的好：态度就像是磁铁，不论我们的思想是正面的或者说是负面的，我们都会受到它的牵引。与此同时，思想也就像轮子一般，使我们朝一个特定的方向前进。当你再一次去体验“负面”情绪的时候，结果发现你的“痛苦感”不见了！你就会看到“负面”情绪可以为你的目的服务，并能不断地帮助你找出方法并给予能量动力去解决困难。

进一步说，所谓的“负面”情绪，多数都是把我们的注意力转移到了生活中那些不顺心的事情上。通过把我们的注意力引向那些不顺心的事并使我们处于一种情绪状态，通过这种情绪状态我们能对所处的局面作出评价，所以这些“负面”情绪状态就可以帮助我们搞清楚事物并找到解决困难的方法。

一旦获得了情绪上的自由，也就大大拓展了我们精神领域的活动空间。例如，当你情绪低落的时候，你的意识可能会马上提醒你：“喂，别忘了，它是为你服务的。”因而你就会在感到悲伤和一种更积极的感觉之间做出选择。你当然会选择快乐，难道不是吗？

虽然，我们无法选择每天要发生的事情，但我们可以选择我们的情绪状态；虽然我们无法调整环境来完全适应自己的生活，但可以调整情绪来适应一切的环境；毕竟你的生活并非全数由生命所发生的事所决定，而是由你自己面对生命的态度，和你的心灵看待事情的态度来决定。

普通心理学认为：“情绪是指伴随着认知和意识过程产生的对外界事物的态度，是对客观事物和主体需求之间关系的反应。是以个体的愿望和需要为中介的一种心理活动。从这个角度来说，青少年只要掌握了转移情绪的方法，那么，对你以后的人生，将会有很大的益处。

身为*21*世纪的青少年，你必须知道，虽然你无法决定天气，但你能够改变你的心情；虽然你无法控制别人，但你可以掌握自己。

5. 控制自己的冲动

在生理学上，冲动是指神经受到刺激后产生的兴奋反应。在日常生活中，冲动是最无力的情绪，也是最具破坏性的情绪，也就是说理性弱于情绪的心理现象。冲动是来源于自我保护的一种心理补偿。

冲动的心理表现

某中学初二学生小可，今年*16*岁，他在家中是独生子，长这么大以来他一直是家长眼中的乖孩子。最近，小可突然发现自己变得脾气暴躁起来，有时因冲动还与其他同学吵架，事后仔细想想都是鸡毛蒜皮的小事，根本就不必要小题大做。在家里他也经常与父母怄气，有时父母批评他几句，他就暴跳如雷、大动肝火，把父母气得直跺脚，但是也无可奈何。小可为自己的脾气感到很苦恼，他知道自己不对，可是事情一旦发生了，他又控制不住自己的情绪，过后又十分后悔。

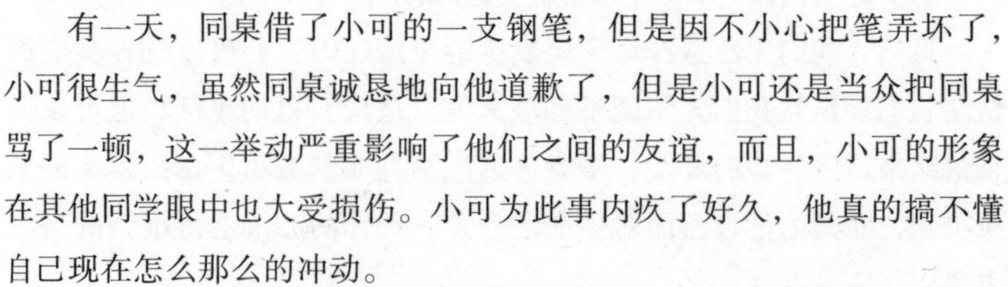

有一天，同桌借了小可的一支钢笔，但是因不小心把笔弄坏了，小可很生气，虽然同桌诚恳地向他道歉了，但是小可还是当众把同桌骂了一顿，这一举动严重影响了他们之间的友谊，而且，小可的形象在其他同学眼中也大受损伤。小可为此事内疚了好久，他真的搞不懂自己现在怎么那么的冲动。

一般青少年的情绪特征是以冲动和暴发为主的，这就叫做边界性格紊乱的心理疾病。在现实生活中，青少年常常会遇到很多不称心的事情。例如：学习时受到外界干扰，珍爱的物品被别人损坏或自尊心受到伤害等，这些都容易使其发火。有些青少年与人相处时往往因为一言不合就火冒三丈。在情绪冲动时做出使自己后悔不已的事情来。所以，经常发火对人对己都是不利的。因此，青少年应该采取一些积极有效的措施来控制自己冲动的情绪。

有关专家说。“冲动的行为对于他们来说总是有特殊的意义。”青少年时期迈向成熟的过渡时期，他们情绪和感情都极不稳定。有些青年学生不善于控制情绪，因此，而深受其害。比如，有时因不值得一提的小事而极度悲伤或大发脾气，有时因为成绩不理想而沮丧。还有的青少年常常被悲观、忧郁、孤独、紧张等不良情绪所困扰，导致对学习缺乏主动性和自觉性，甚至有的青少年因为成绩不好或学习压力重，就跳楼自杀。由此可见，自身的情绪控制非常重要。

战胜冲动

上面例中的小可就是因为情绪冲动，一而再再而三地犯错，最终造成犯下不可弥补的过错。那么，爱冲动的青少年应采取一些积极有效的方法来控制自己冲动的情绪。

1. 理智地控制自己的情绪

用理智和意志来控制情绪，表面上是对自己自由的约束，其实，这种约束却能使你获得更多的自由。青少年在遇到强烈的情绪刺激时，要强迫自己冷静下来，并快速分析事情的前因后果，然后，采取消除冲动情绪的“缓兵之计”，用理智战胜情绪上的困扰，正确评价自己，这不仅看到了自己的优势，也看到了自己的不足；进而使自己远离冲动、鲁莽的局面。因此，在某种意义上，青少年如果能够理智地控制自己的情绪也意味着主宰了自己的命运。

2. 用暗示、转移注意法

如果青少年遇到了使自己生气的事，一般都触动了自己的自尊和利益，此时是很难冷静下来的，所以，如果你发现自己的情绪非常激动、难以控制时，可以采取暗示或转移注意力的方法来做自我放松，并鼓励自己克制冲动的情绪。坚信冲动并不能解决问题，要锻炼自制

力，学会用转移注意力或暗示的方法来处理问题。

3. 培养沟通的能力

在你不生气的时候，去和那些经常受你气的人谈谈心。听听彼此间最容易使对方发怒的事情，然后，想一个好的沟通方式，注意控制自己的情绪不让自己生气。你可以出去散散步来缓和自己的情绪，这样保持一个平衡的心态你就不会继续用毫无意义的怒气来虐待自己了。

4. 让自己冷静下来

在遇到冲突和不顺心的事时，最好不要去逃避问题，要学会掌握一些处理矛盾的方法。你可以考虑一下事情的前因后果，弄明白发生冲突的原因，双方分歧的关键在哪；然后，进行冷静的分析并找出一个切实可行的方法。例如：当你被别人无聊地讽刺或嘲笑时，如果你顿显暴怒，反唇相讥，就会引起双方的强烈争执，最终可能会出现于事无补的后果。此时，如果你冷静下来，采取一些有效的对策，如用沉默来抵挡抗议或者指责对方无聊，这样就会有效地抵御或避免冲动的情绪发生。

5. 多参加户外运动

心理学家研究表明，运动是有效解决愤怒的方法，特别是户外活动。青少年时期正是年轻力壮的时候，要主动参加一些消耗体力的户外运动，例如：登山、游泳、跑步或拳击等，使那些不良的情绪得以宣泄。如果你觉得自己的情绪无法控制时，可以主动做一些户外运动，让冲动的情绪随着运动一起消失。

实践证明，调节自己的情绪最好的办法是先把你认为恼火的事搁在一边。等你冷静下来后，再去处理它们。其实，一个人的情商高低，是体现在自身情绪控制的成败上。发脾气是值得赞扬的，如果你能把握住在适当的场合理智地发脾气，那也是非常明智的做法。因此，控制情绪不只是简单的抑制，而是在自我教育、自我评价和自我调节中进取的。

6. 小心掉进易怒陷阱

每个人都不可能避免发怒，因为当遇到别人伤及自己的自尊和人格的境况时，每个人都有权利发怒，这是很正常的。但易发怒的人就另当别论了，特别是没有烦恼的青少年，如果拥有易怒的情绪，不但会害己还会伤及他人。

所谓易怒就是火气大，爱发脾气，遇到一点小事就怒火中烧，它是一种敌意和愤怒的心态，是当人们的主观愿望与客观现实相悖时所产生的消极的情绪反应。有的同学在学校对同学的态度很温和，显得温文尔雅，文质彬彬；可是在家里，面对自己的父母，稍有不遂意，就大发脾气。也有一些不但在家里这样，在学校对老师和同学也动不动就顶撞和冲突，让周围的人敬而远之。所以说，青少年如果不能很好的控制这种消极的情绪，就很容易给生活带来困扰。

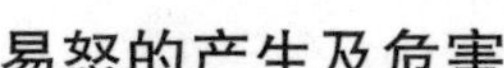

易怒的产生及危害

生活中有许多青少年喜欢同别人发生冲突或是在发脾气时砸东西；相反，也有一些同学在类似的情况下则表现得比较克制。其实，易怒并不是与生俱来的，它的产生也是有许多原因的。

1. 自然反应。青少年在学习压力空前繁重的情况下，总会遇到各种各样的心结。而愤怒则是他们用来自我保护的情绪，是一种防御措施，因此，他们在缺乏自信或感到害怕时，往往会通过愤怒来掩饰自己的其他情绪。这就是那些有过不幸遭遇的青少年容易动怒的原因之一。

2. 心理因素及生理因素。心胸不够宽广，期望太高，心态失衡，

思维极端，容易冲动等。其生理因素则是，血液中调节情绪、控制行为有关的物质——5－羟色胺不足等。它与先天的遗传以及后天的饮食习惯等有关。

另外，环境的影响如气候与噪音也会使他们产生易怒情绪。青少年表现易怒形式非常明显，如一发火就骂人、砸东西、情绪反应不理智、不会开玩笑、遇到任何小挫折都只会发泄、什么事都干得出来、听不进别人劝告……这些反应对己对人都是有极大伤害的，具体有以下几点：

1. 有易怒现象的青少年，在交际中不会得不到别人的尊重和欢迎。生活中不乏这样的学生，胸怀大志，才华满腹，既有条件，又有超人的能力。但是，他们却始终郁郁不得志，甚至是别人眼中的失败者和负面教材。而这些都是由易怒所致，有了这种情绪，同学们当然是离他越远越好。所以，即使是再好的千里马也会被易怒所牵制。

2. 发怒是莽夫所为，是无能的表现，是一个人低修养的表露。发怒时，血液循环加快，情绪激动，不由自主地就会同父母高声争吵，有时甚至还动手伤人或自伤，这都是不理智的行为。正如宋代大文豪苏轼的名言："匹夫见辱拔剑而起，挺身而斗，此不足为勇也；夫天下大勇者，猝然临之而不惊，无故加之而不怒。"

青少年该如何摆脱易怒

当青少年面临着无由而来的怒气时，与其埋怨别人，不如自我反省。其实，很多时候，生气是由自身的原因而造成的。所以，在生气时，要学会从自身找原因，常常进行自我反省。人总是在自省中认清自己的，并且决定自己不生气，相信自己能做的到。在面对怒气时，不妨从以下几方面来摆脱发怒的情绪。

第一，要回忆自己的行为，看看自己的怒气是否有道理。也许在

这些思考当中，你会发现自己有时候明显的是无理取闹。所以，如果你在发怒之前能想一想发怒的对象和理由是否合适，方法是否适当，你发怒的次数就会减少 90% 。

第二，情境转移。火儿上来的时候，对那些看不惯的人和事往往越看越气，越看越火，这时可以迅速离开使你发怒的场合，最好再能和谈得来的朋友一起听听音乐、逛逛商店、打打球、散散步、看看电影，或到没人的地方大喊大叫几声，或打个心理咨询热线电话，或写篇长长的日记抒发感受。这样你就会渐渐地平静下来，不良的情绪就被宣泄掉了。

第三，要经常对自己进行自我反省，加强道德修养。生活中你可以观察到，易上火的人对鸡毛蒜皮的小事都很在意，别人不经意的一句话，他会耿耿于怀。过后，他又会把事情尽往坏处想，结果就是把事情越想越坏，越来越气，终至怒气冲天。要想熄灭心中之火，最重要的一条就是要加强思想道德修养。培养自己养成对人要宽容大度的胸怀，将心比心，不斤斤计较的习惯。当遇不平之事时，也应该心平气和，冷静地、不抱成见地让对方明白他的言行之所错，而不应该迅速地做出不恰当的回击，从而剥夺了对方承认错误的机会。所以，在生活中，要经常对自己的道德品质进行反省，不断的对自己进行完善与提高，如此方能自如地克制激动情绪，也就不会遇事即刻弹跳起来，大发雷霆了。

第四，做情绪的主人。从一个青少年的心理健康上可以看出他的人格是否成熟，他如果能很好的控制自己的情绪，又能很恰当地表达自己的情绪；他理解自己的情绪和别人的情绪是怎么产生的；他能够积极地、建设性地处理情绪方面的问题，而不被消极的情绪所左右。那么，他就是自己情绪的主人。当心中无名火起时，就要及时给自己警告：注意，克制，再克制。往往有一两分钟，你就能够稳住情绪，就不会因一时的冲动而产生不理智的行为。

第五，当你的心中被怒气与愤懑填充，内心充满不快和敌意时，如果你能先检查一下自己，谦虚点，火气自然就会烟消云散，矛盾也就不至于越弄越僵了。如果不顾一切地与对方大吵或怒骂一通，那么发泄过后，唯一的结果就是伤害。其实，这种发泄并非有益，最好的解决办法就是忍一忍，压一压火，控制自己的情绪，不要轻易被怒气所控制。

第六，控制自己的意识。经常为小事而生气是愚蠢的表现，如果一个青少年比较容易上火，那么难免就会有些事情做不好，甚至可能得罪人，所以，无论你做什么事情都不能意气用事，更不能生气，应该知道生气是解决不了问题的，生气只能害人害己。遇事要懂得静下心来想一想，要用意识控制自己，提醒自己应当保持理性，还可进行自我暗示：“别发火，发火会伤身体”，把不利变为有利，把坏事变为好事。

第七，想生气的时候学会微笑。微笑有不可估量的魅力，不可预测的力量！微笑是豁达在脸上绽放的花朵，是宽容在眼里迸发的深情，既能安慰对方因失误而愧疚的心，还能够让对方对你心存感激，而且还能得到对方的信任和尊重。同时，你也不会因为发怒而伤害身体，能够保持自己心态的平和宁静，难道不好吗？

第八，饮食调节。多选食苦味、酸味的苦瓜及山楂等，同时可取菊花10克，决明子10克，甘草3克，煎汤代茶饮。肉类摄取量要减少，多吃粗粮、蔬菜和水果。因为肉类使脑中色氨酸减少，大量肉食，会使人越来越烦躁。而保持清淡饮食，心情比较温和。此外，气温过高也会引起人烦躁不安的情绪，多喝水可以起到让血液稀释的作用，让心情平和下来。

青少年只有摆脱易怒的不良情况，才能使自己更健康快乐地成长。

生活中如有青少年易怒，不妨从以上方法试着将其摆脱；青少年拥有良好的情绪，对健康成长是非常重要的！

7. 为自己的情绪找出口

当人出现不良情绪时，总得要宣泄出来的。宣泄，可以解释为：排除障碍，得以舒畅。它是依据情商调控不良情绪的方法之一。适度地宣泄对人体养生保健是必要的，但要掌握适度。掌握适度有赖于人的情商高低，也即是要靠人的自身素质、气度、修养和阅历来调控。

生活中，人要学会正确释放、宣泄自己的消极情绪。一般来说，当人处于困境、逆境时容易产生不良情绪，而且当这种不良情绪不能释放、长期压抑时，就容易产生情绪化行为。怎么办？要承认现实，要认识到，环境的不幸是难免的，关键是不要自己折磨自己，过度的压抑不会帮你摆脱痛苦，相反的，它会加速缩短你的生理寿命和社会寿命。为此，就要把这种消极情绪适时地释放、宣泄出去，譬如找好朋友谈心，以自己最“拿手”的方式参与社会，多找一些乐趣的事干，多参与社会活动，多出一点成果，从中去寻找自己的精神安慰、精神寄托等等。

宣泄情绪，解决心理难题

每个人都会有情绪低落的时候。随着生活节奏的加快，学习、生活压力的增大，再加上复杂的社会关系、人际关系，好多人都会定时的情绪低落，好像有周期性似的。在外人眼里，还要强颜欢笑，自己内心却郁闷无比。由此可知，人要学会发泄，适时的调节自己的情绪，千万不可积郁于心。

小强在公司人缘很好，他性情温和、待人和善，几乎没人看他生气过。有一次，小刚经过他家，顺道去看看他，却发现他正在顶楼上对着天上飞过来的飞机吼叫，便好奇地问其原因。

他说："我住的地方靠近机场，每当飞机起落时都会听到巨大的噪音。后来，当我心情不好或是受了委屈、遇到挫折，想要发脾气时，我就会跑上顶楼，等待飞机飞过，然后对着飞机放声大吼。等飞机飞走了，我的不快、怨气也被飞机一并带走了。"

故事中的小强知道如何适时宣泄自己的情绪，因而脾气也特好。可见，适时宣泄自己的情绪是件多么重要的事情。人若一味的压抑心中不快，并不能解决问题。在生活步调紧凑繁忙的现今社会中，人人都应学习如何舒解自己的精神压力，如此才能活出健康豁达的人生。一些压力是必需的，就像船，必须要有些东西去压船，才能航行。

从心理学的角度来讲，人要实现心理上的健康，必须完成由"小我"到"大我"的转变。所谓"小我"，就是自我的小圈子，封闭的自我。所谓"大我"，就是将自我融入到自己所处的群体、环境乃至社会中，在群体和社会中多担负责任，与他人和谐相处。而人要走出"小我"，就要有一种"忘我"的精神，满怀热情与兴趣地去学习、工作、生活、交往，这种"忘我"的精神会使你忘了自己的那点痛告、挫折、不适、得失，体验到的是愉悦、成功、自豪、充实，如此，你的许多原来看似难解的心理问题，就会在不知不觉中解决。

适时宣泄情绪，快乐自我

美国斯坦福大学一专家组进行"宣泄"为题实验研究，发现一些人头脑容易发热，脾气非常急躁，当受到批评、挫折或失败时，总爱与他人争吵。此时对他们进行即时检测，他们当中发生房颤的几率比性情温和的人要高出 30%。房颤，是心律不齐的表现，容易诱发猝死。单靠发脾气来宣泄个人激愤情感，有害于心脏健康。也有些人在发脾气后经常出现头痛或肌肉酸痛，这些人出现房颤的几率就更高。还有些人平时忍气吞声、爱生闷气，患房颤的几率同样比心态平和的人要高出20%。前者属于宣泄过度，后者则是没有宣泄。可见，适时宣泄自己的情绪是非常必要的。青少年宣泄自己的情绪可从以下方面做起：

学会放松。当你感觉过分紧张、烦恼、恐惧时，可采用深呼吸的方法放松自己，即深深地吸气，慢慢地呼气，使自己的身心放松。也可以采用自我暗示的方法，如反复默念："我现在放松了，我的全身处于自然而然的轻松状态。"还可以用回忆过去成功的体验来鼓励自己。

学会自我安慰。面对人生的失败和挫折，青少年要面对现实，自己给自己一种安慰，自己给自己一种出路。李白的"天生我才必有用"是一种对人生的超脱、潇洒的态度，也是一种在精神上的自我肯定。人生要经历无数成功和失败，要学会不沉醉于一时成功的喜悦，也不沉沦于一时失败的沮丧，要学会以一种潇洒的态度来对待人生。当一个人追求某项目标而达不到时，为了减少内心的失望，可以找一个理由来安慰自己，就如狐狸吃不到葡萄说葡萄酸一样。这不是自欺欺人，偶尔作为缓解情绪的方法，是很有好处的。

学会幽默。幽默是一种特殊的情绪表现，也是人们适应环境的工具。具有幽默感，可使人们对生活保持积极乐观的态度。许多看似烦恼的事物，用幽默的方法对付，往往可以使人们的不愉快情绪荡然无存，立即变得轻松起来。

学会转移自己的情绪。心理学认为：情绪反应是建立在高级神经中枢的暂时联系，当人们受到精神刺激时，大脑皮层就建立起一个兴奋点，如果有意识地再建立一个新的兴奋点，就可能使原来的兴奋点受到抑制。当火气上涌时，有意识地转移话题或做点别的事情来分散注意力，便可使情绪得到缓解。打打球、散散步、听听流行音乐，也有助于转移不愉快情绪。

学会宣泄自己的情绪。心理学家认为：人们不要无限地压抑情绪，而是使情绪得到适当的宣泄。由失败而引起的不愉快情绪在经历一段时间积蓄后，最好让这种情绪得到宣泄。其方法是：可以向知心朋友倾诉你的苦闷，还可以把自己的不快写进日记，写进给朋友的信中。总之，要不愉快的、压抑的情绪抛到自身之外，这会减轻精神上的负担和压力。

青少年阶段，是一个人人都非常羡慕的年龄段，但是，他们也有着自己的烦恼。如果不能学会适时宣泄情绪，那么他的人生就会有愉快的心理阶段。

因此，人生充满快乐的时光弥足珍贵，但快乐的分量极其有限，调控“情商”，适度宣泄，能让多彩的人生经常定格在幸福欢乐的瞬间。

8. 不要和自己过不去

每个人都有可能走到生命的谷底，那种被贫穷、被自卑、被无望折磨得黑暗的见不到光明的日子，像虫子一样啃咬着我们的心。人无论处于多么痛苦不堪的境地，灵魂都要保持着清醒。人性与兽性的界限，原本就存在于一念之间。有人说：“人往往不是被打败的，而是自己放弃了自己。”没有人愿意过那种低落、卑微的生活，关键是面对逆境如何成功地扭转自己的人生。除了勇气、智慧和信心外，持之以恒的努力才是接近目标的动力。不管做什么，只要放弃了，就没有成功的机会。不放弃就会一直拥有成功的希望。因此，坚持自己的信念，不要和自己过不去，你就可以成功。

在我们的一生中总有很多东西需要我们去珍惜，也有太多的人需要我们去感激，更有许多的不幸与苦难要让我们去经历和体验，同样也有很多东西要我们放弃，有时是放弃了选择，有时是放弃了昨天，有时是放弃了追求，有时是放弃了……放弃，也许是一种解脱，也许是意味着失去，或许是意味着无奈，或许是……其实无论怎样，在面对困难时，千万不要放弃自己，放弃自己就是对自己的否定，就是不相信自己的表现，珍爱自我应从相信自我开始，千万不要放弃自己，也许再坚持一秒钟就是胜利了。

放弃自己就等于放弃了一切

有人说：请不要轻言放弃，放弃追求时也就放弃了希望；放弃痛苦时你也就放弃了美好；放弃自己时也就放弃了所有；放弃可以展翅高飞的天空也就放弃了自由。人生有高有低，最低的时候不要害怕，因为不可能再低下去，总会走到高的地方，总有一天可以去更高的地方。丘吉尔在剑桥大学演讲时说得很好："我的成功秘诀有三个：第一是，决不放弃；第二是，决不，决不放弃；第三是，决不，决不，决不放弃。"是的，人无论在什么时候都不要放弃自己，全世界都可以放弃你，但是你不可以放弃你自己！因为在你放弃自己的同时，你也就放弃了一切。

有时，人也会放弃自己。在失败时，在人生的低谷处，动辄拿出"死猪不怕开水烫"的无赖嘴脸出来，肆无忌惮我行我素，最终的结果只能是在失去所有朋友后，连自己也会失去。这种失去是不可挽回的：在人前失去尊严，失去在别人心目中的美好印象，都可以后来弥补，而从心里失去对自己的信心，把自己的人性忽略掉，那么这个人已是名存实亡了。好比一间房子，顶梁柱倒了，房子也会轰然倒塌。

人生本就有许多的挫折和不能够，但都必须靠我们自己才能改变自己的命运，只有永不放弃才能够真的拥有成功！漂泊的人生因为有梦想而精彩，因为有奋斗而伟大，能为自己撑一片晴空的只有自己，能让自己坚强的也只有自己。有些人可能会走到了人生的低谷，但是人不能自甘堕落。即便是整个世界都把你看低了，也要用实际行动证明自己生而为人的尊贵。很多人，原来在生活的最底层，为了一个远大的理想，付出了几十倍，甚至几百倍的努力。这些人在困境中崛起，更何况只是暂时走到人生低处的人呢。

曾经看这样一个故事，说的是一个职业摔跤高手，从辉煌走向困境，又从失败走向成功的故事。

这个摔跤高手在一次比赛中失败了，而在接下来的几年里他也再没有成功过，他的生活也陷入了困境，在这几年当中，他的生活发生了翻天覆地的变化，家人、朋友远离了他，身边的人也对他加以讽刺和嘲笑，这给了他很大的打击，他的心情糟糕透了。

在一次大型的比赛中，他的对手是当前很出名的赛手，而他也正是在自己人生走向低谷时妻子离开自己的人，而此时在赛场的外围坐着的自己的前妻却大喊着要打败他，看到前妻这样的举动，他的心被刺破了。比赛开始了，他看到裁判的袒护，看到观众的嘲骂。他暗中对自己说："我不能倒下，我要坚持！"比赛结束了，他成功了，这结果令观众、他的妻子和他的敌人都感到震惊。他的胜利没有掌声，没有鲜花，因为不在人们的预料之中。然而，还是有一个记者来到了他的身旁。让他面对观众讲几句话. 他说："是你们那蔑视我的态度，使我变得坚毅。我告诫我自己："不要输，只许赢！你要坚持，你不要倒下，你们放弃了我，但是我自己不能放弃我自己。"全场刹那间一片寂静。是的，如果自己不给自己加油，那你就不会再有勇气来走以后的路，也就将面临失败。

不要放弃自己。这个世界上，有很多门，没有哪一扇是无法开启

的，只看你有心无心。没有谁能封杀你，把路走死的，是自己。灵魂或肉体，都不能轻言放弃。自己对自己的鼓励是重要的，鼓励自己会让你变的更有力量。不要放弃自己，也只有自己能把自己举到人生的巅峰！

珍爱自己，首先自己不要放弃自己

一个人无论什么时候绝对不能自暴自弃，要不然就彻底输了，不放弃就有希望，肯努力就有出头的那一天。这个宇宙，从来没有放弃过任何生命，只不过是我们自己放弃了自己，无论是恐龙、还是一些我们肉眼所看不到的更小的生命！

人生弹指一挥间，说长也长，说短也短，我们是没有理由去埋怨的。父母给了你有血有肉的身躯，给了你生命，你才有了生存的权利。是朋友和亲人给了你活力，于是你才有了丰富的感情，才有了真正的你。你是这个世界上独一无二的，没有人会和你完全一样，不要轻易放弃自己，尤其不要为不应该的或注定不该属于你的事物放弃自己。在别人没有放弃你之前，千万不可以放弃自己！一个盲人登上了珠穆朗玛峰南峰，这是没有人敢想象的，可是他凭借着自己的力量和永不放弃自己的信念创造了人类历史上的奇迹。一个没有听觉的人，用自己的勇气抵抗命运的打击，奏出生命之曲，被世人所崇仰。这些无不是因为他们不放弃自己而得来的。我们不能轻言放弃，因为我们还有梦想、有热情，心灵永不枯竭，我们就仍拥有无限的可能，未来依旧对我们敞开，希望之光也将永远照耀我们。在别人没有放弃你之前，不是不可以放弃自己，是没有权利放弃自己！无论遇到多大的困难，都没有理由、也没有权利放弃自己。不要为自己辩解、找理由，不要自己把自己给放弃了。

很多时候，真正打败自己的不是别人，而是我们自己；很多时候，

不是别人让我们失望，而是我们自己对自己失望了。只要自己不放弃你自己，就没有人能打倒你。

永远不要说放弃是一种坚定的信念、执著的追求，也是一种可贵的自信。永远不说放弃是一种幸福，也是一种自豪。一个健康的人可以幸福地说："拥有健康和快乐。"一个残废的人可以自豪地说："我的心脏没有放弃跳动，我没有放弃生活。"闪闪的群星不会因为自己的渺小而放弃亮在漆黑的夜晚；细小的水滴不会因为自己的柔弱而放弃滴向坚硬的石头；稚嫩的小树不会因为狂风的肆虐而放弃自己绿色的生长；而我怎么可以因为尘世的繁杂而放弃自己？当你想要放弃时，不妨想想，也许阳光就在转弯的不远处，如果此刻放弃就永远触不到成功的希望，那就对自己说：挺住，成功源于坚持。

一个人如果珍爱自己，就要不放弃自己，天生我材必有用，每个人都可以把自己发挥的淋漓尽致，都可以铸就自己生命的辉煌，但前提是：绝对不能放弃自己！连自己也放弃的人，是永远得不到世界一切美好事物的眷顾。

第三章

做幸福的自己

第一节　拥有幸福心灵

1. 幸福就在心中

上帝本想把幸福放在高山上，但担心登山者采摘到，于是上帝就想把幸福放在深海中，但又担心潜水者得到，后来，上帝决定把幸福埋藏于每个人的心中，让人们自己去感受属于自己的幸福。

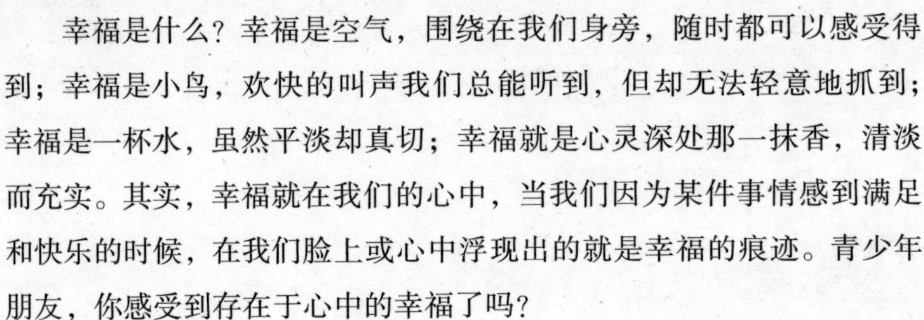

幸福是什么？幸福是空气，围绕在我们身旁，随时都可以感受得到；幸福是小鸟，欢快的叫声我们总能听到，但却无法轻意地抓到；幸福是一杯水，虽然平淡却真切；幸福就是心灵深处那一抹香，清淡而充实。其实，幸福就在我们的心中，当我们因为某件事情感到满足和快乐的时候，在我们脸上或心中浮现出的就是幸福的痕迹。青少年朋友，你感受到存在于心中的幸福了吗？

知足者才常乐

幸福是一种来自心灵深处的体验，它与一个人的生活状况无关，而是取决于一个人的内心感受。我们常说“知足者常乐”就是这个道理，一个人只有学会自我满足才能感受到幸福。幸福是自己给自己的礼物，也许别人不觉得我们幸福，但只要我们能自得其乐，便会从中找到幸福的理由。

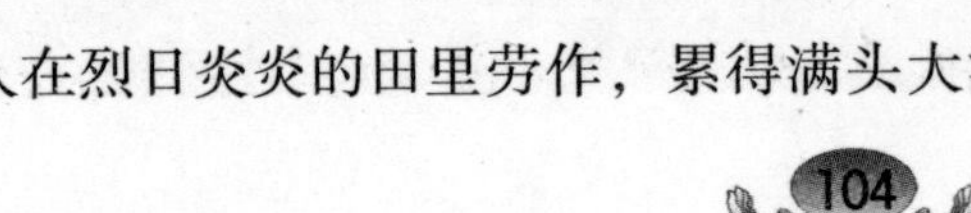

幸福就是做自己喜欢做的事情，幸福就是实现自己的愿望。一个人在烈日炎炎的田里劳作，累得满头大汗，别人觉得他为了生计实在

太辛苦，但只要他自己觉得是幸福的，那别人的感觉根本不重要；而一个人在花园里悠闲地散着步，别人是多么羡慕他的悠闲，但他自己却感受不到一点幸福，那就算别人再羡慕他也感觉不到幸福所在。其实就是这么简单，同样的情境不同的人会有不同的心境，结果自然也是不同的。当你觉得你是幸福的那你就是幸福的，幸福与不幸福其实都在自己的心中。

幸福虽然平淡但却真实，不必怀疑平淡的幸福，不必产生这样的疑问："这就是幸福吗？这就是我花了那么多精力得来的幸福吗?"是的，这就是幸福，幸福无需金钱来填充，幸福无需官位来衬托，幸福无需美言来相随。对于盲人来说，幸福就是能看到太阳升起时的辉煌；对于聋人来说，幸福就是能聆听到乐曲的悠扬；对于哑巴来说，幸福就是能与他人进行心灵的交流。而对于我们青少年来说，幸福就是清晨推开窗迎进的第一缕清新的空气；就是暴雨过后天边的那一道彩虹；就是熬夜后得出的那个完美的答案；就是当老师验证实力后的那一句赞美；就是每天妈妈精心准备的那道可口的饭菜；就是天凉时爸爸那一句关怀的叮咛……这所有的所有，都是我们值得珍藏的幸福。

每个人都是自己幸福的创造者，用一颗纯净的心去敏锐的洞察世界，发现幸福，将之收藏在内心深处的情感匣中。迟早有一天，我们内心深处每一个角落都会成为幸福流淌的地方，不时开启我们的心门，我们会永远获得幸福。在漫长而短暂的人生路上，携着希望一路播撒幸福的种子，默默地为他人付出，勤勤恳恳地做有益于社会的事，收获的将是沿途美丽的风景，是感动各方后获得的幸福感。人生路上有幸福相伴，我们不会再孤单，心灵的土地永远不会再贫瘠，心中幸福的花儿也会开的分外艳丽。

用心才能感受到幸福

的确，幸福是一个最具有主观色彩的概念。一个人是否幸福，完

全在于他内心的感受，在于他定义幸福的标尺和他对于人生的体味，幸福从来就没有绝对的标准，可谓见仁见智。也许，一个人所遗弃的他所谓的不幸，正是另一个人努力找寻的幸福。很多时候，当我们正体恤某个人孤单寂寞时，却不知他正专注于自己的爱好和研究，幸福到了陶醉的地步，而有时，让我们羡慕不已的“幸福者”，却往往会做出“身在福中不知福”的事。幸福就是这样一种东西，幸福掌握在我们每个人的手中。我们常说要追求幸福，就是要努力达到心中界定的那个幸福的标准，这个过程也许会有艰难险阻，也许会山高路远，甚至需要付出生命。但只要认定那就是心中的幸福所在，我们就不会怨天尤人，就不会在意旁人的冷嘲热讽，因为追求幸福的路上我们活得快乐、舒心而充实！

真正幸福的感觉来自于心灵深处，它美好、快乐而又充实，我们每个人都有权利去追求幸福，而且每个人的机会都均等！其实幸福就在我们的心中，只要用心去感受，去体会，我们会发现，幸福离我们如此之近，它唾手可得。幸福是生活中的点点滴滴，原本很平常的生活细节，如果我们用心去感受，也能体会到其中的幸福滋味。

幸福就是“临行密密缝，意恐迟迟归”的关怀；是我们每天上学出门前，母亲那不厌其烦地叮嘱：上学路上注意安全，小心车，在学校听话，别惹祸。当我们捂着耳朵跑下楼时，细细体味一下，这简短的一句话包含了母亲多少牵挂在里面，是母亲发自内心的真情流露，我们会感到心中响起了幸福的乐曲。

幸福就是“春种一粒粟，秋收万颗籽”的体验。考试前我们全身心地投入到复习中，早出晚归，废寝忘食。上课时不再调皮捣蛋，而是认认真真听讲；下课后不再贪玩疯跑，而是安安静静复习；周末不再疯狂玩耍，而是仔仔细细地做作业。当我们脑中充满习题解析，吃饭也不忘听英语时，我们体会到学习的乐趣，当我们取得理想的成绩时，内心充满了收获后的幸福感。

幸福就是“但愿人长久，千里共婵娟”的祝福。当新的一年到来时，我们会收到许许多多同学送来的五颜六色的卡片，当我们怀着激动的心情一张张打开时，各种各样的祝福随之而来，“开心每一天”、“保持好心情”、甚至还有“越吃越胖，做个健康宝宝!”拥有这么多的祝福，拥有这么多的感动，我们怎么会不幸福呢?

是的，幸福并不遥远，幸福就在身边。幸福是当妈妈亲吻额头时，我们脸上绽放出的开心而满足的表情；幸福是当我们因优异的成绩而获得别人夸奖时，脸上绽放出骄傲而欣慰的笑容；幸福是当我们因为帮助他人而受到老师和同学的称赞时，心里涌出的喜滋滋的味道……甚至当我们因吃了一顿丰富的饭菜而感到满足时，我们其实也已经品尝到了幸福的味道。

幸福是每个人努力后都可以得到的珍贵感觉。即使我们因为做错事而受到斥责，幸福也不会因此而离我们远去，它会静静地守候在我们身旁，抚慰我们受伤的心，让我们重新变得坚强。善待好自己吧，让我们一起去唤醒心中沉睡的幸福，再也不要让它睡去，让我们用幸福的心态去感染身边的每一个人，让这个美丽的世界因为我们再多一些幸福吧!

2. 拥有自尊自爱的心灵

屠格涅夫说：“自尊自爱，作为一种力求完善的动力，却是一切伟大事业的渊源。”青少年在青少年时期，应该是一段充满着活力与自信的时期。可是，在生活中却常常可以看到很多青少年的脸上写满了痛苦与无奈。主要原因就是因为他们还没有形成很好的自尊自爱的人格观念，这个时候的他们确实不易，一方面他们的人格毕竟不成熟，

还有幼稚的一面。

苏霍姆林斯基曾说："往往这些青年企图摆脱在他们看来无需成年人保护和关心的地方，他们犯的错误也就最多。"独立性与依赖性，自觉性与幼稚性的矛盾纠葛，使正在寻求独立自主的青少年产生从未有过的烦恼、苦闷、惆怅和忧愁。因此，要求得解脱，顺利地完成独立性的发展，最重要的是必须学会自尊、自爱。

自尊，体现价值

所谓自尊，是指要求周围群体尊重自己，不向别人卑躬屈膝，不容许别人歧视、侮辱自己；所谓自重，是指注意自己的言论和行为，不在周围群体中产生不良影响。自尊、自重是富有积极意义的心理品质。青少年在生活的道路上，难免会碰到各种困难和挫折。面对困难和挫折，不应该灰心丧气、自暴自弃，要相信自己的力量，勇往直前，做生活的强者。青少年的自尊、自爱、自强品格不是由先天生就的，而是靠后天的关键时期培育，逐步形成的。

青少年进入青春期以后，随着自身生理方面的成长发育和心理方面的逐渐成熟，对自我的关注就越来越强烈，使自我意识得到高度发展。当感到能够胜任某件事时，会感觉到恰恰，当受到别人的尊重时，给自己积极的评价，然后就会形成相应的态度体验。这种对个人价值的尊重和重要性所作的评价就是自尊。当青少年有自尊感受的时候，就说明他已经进入了一个开始成熟的人生阶段。

自尊感的形成也是多方面的，自尊不仅和社会评价有关，同时也和个人对荣辱的关心，即自尊需要有关。心理学家詹姆斯指出：自尊=成功/抱负水平，意思就时说人们对于自我价值的感受，取决于真实的获得成就和内心深处对潜在自己的期望。但自尊需要的水平高低，却是因人而异的。有的同学对自己没有什么抱负，因此，获得一点点成功就感到沾沾自喜；还有一些同学对自己要求非常高，因而对自己的行为和取得的成绩总感到不满意。抱负水平过高或过低都对个体的健康发展不利，过低容易使人缺乏前进的动力，过高又容易使人缺乏自信。

在青少年时期，他们一方面要求独立、自由、自信、有成就和有名誉，同时也要求在自己所处的团体中有一定的地位、威信，被人认可和受人尊敬。也就是说，他既想要自己尊重自己，也需要别人尊重自己。这种自尊如果可以得到满足，他就会充满信心的去生活，并能够在生活中体现自己的生存价值。

自尊是青少年如何感知自己，你的行为清晰的暴露了你对自己的感受。比如，有着高度自尊的青少年会有如下的表现：能够独立行动；有责任感；对自己的成就感到自豪；能够忍受挫折；勇于接受新挑战；能够处理积极的和消极的情绪；能为他人提供帮助。

反之，自尊水平低的孩子就会有如下表现：害怕尝试新东西；感觉不到被爱；用自己的错误去惩罚他人；对他人漠不关心；不能够忍受挫折；压抑自己的天赋和能力；很容易被其他人或事影响。

自尊所产生的自信、自觉、主动、积极求知的驱动力将锐不可当。当知识得以扩展，眼界得以开阔，观念得以更新，能力得以超群时，便会产生发生内心的自爱、自主、自立心理。到这种思想境界的青少年，他们的学与做，求与索，逐渐会远离依赖性、被动性和胆怯性，代之以独立、自信自强的理念，去顽强拼搏，孜孜不倦，开拓进取，大胆创新。

自尊，体现价值

随着一次次的花开花落，随着青春脚步的来临，青少年不仅身体发育迅速，心理也发生骤变，其中突出的是独立意识的觉醒。在生活

中，在很多事情上，他们俨然以大人自居，不愿再像以往那样依附于父母和师长，受到细致入微、爱护备至的照顾。有一种前所未有的独立意识在他们内心产生，强烈地驱使他们要求摆脱这种“保护”，渴求自行安排生活，自由支配时间，随意地与人交往。他们想要打破以往的生活方式，对曾经依恋过的父母的关爱，渐渐变得不以为然了，他们有了新的需要。作为处在这个年龄段的青少年，可能有时也会感觉到自己和以前有了变化，不要着急，不要害怕，这是一种很正常的成长过程。

在这个成长过程中，青少年最应该懂得的就是如何学会自爱。大量事实证明，并非人人都会自爱，尤其是青少年，人类之爱是最真挚、最纯洁、最高尚、最美好的情感。人文主义心理学家马斯洛发现，人若缺乏爱，则他的成长及潜力的发展就会受到抑制。人类之爱的基础是自爱。只有懂得自爱，才会理解父母之爱、师生之爱、亲友之爱，才会体验到爱心的可贵和高尚。热爱自己的人，才会热爱生活、热爱社会。自爱，是人格成熟的标志。而青少年尽管人已长高，但是对自爱这个概念却缺乏根本性的理解。

在这样一个年代，有太多人内心中充满了烦躁。你曾见在校园门口有各种各样的衣着打扮，有五彩斑斓的色彩在发间飞舞，有美丽的花朵在指间缩放，有名贵的手机在胸前晃动，有优美的音乐在耳边回荡……这种景象，有很多个人爱好在里面，但是也不乏有一些不懂得自尊自爱的情绪在里面。

在这个时期的青少年，一定要懂得如何自爱。做到远离不良嗜好和各种危险行为，注意交友，不贪小便宜，不随便接受别人的财物。让自己成为一个在德智体美劳各方面都称职的青少年，给自己的未来打下一个最坚实根基，给自己的梦营造一个最美丽的场景，给自己的人生一个最好的答卷。

3. 让自尊自爱伴你成长

青少年正是长知识、长身体、长思维的黄金时期，在这短短的最关键的几年里，青少年不仅在身体上有了质的变化，其心理也日渐趋于自觉、独立、成熟。可当前，人们生活在一个信息量大、物质财富不断增长的时代，一不小心就很容易陷入精神空虚和物质享受的不良漩涡，而青少年对自己的人生刚从被动向主动迈步，更容量在青春期特有的情感强烈、敏感，易于冲动的影响下，受到他人不良的影响，做出影响一生的事，所以青少年为了自己能健康成才，非常有必要培养自尊自爱的品质。

鲁迅曾说过："君子自重。"自尊、自爱、所产生的内动力是无法估量的，可以说是青少年成长的根本。青少年只有做到自尊自爱，热爱自己，热爱生活，才能为自己的人生交一份圆满的答卷。

自尊自爱，成才的根本

青少年要想使自己成为一个有用的高才，人才，全才，就必须要有自尊。自尊是人生杠杆上不可缺少的支点，可以使人坚守自己的主见和独立的人格，是人前进的动力，是支承自己走下去的力量，它可以让自己变被动为主动，化腐朽为神奇，朝着自己的奋斗目标前进，成就自己的人生。

自尊自爱，作为一种力求完善的动力，是一切伟大事业的渊源。古今中外，凡是有成就的人，无一不是以良好的自尊为先导的。一群落难而逃的人经过一个村庄，村民可怜他们，纷纷拿出食物给他们吃，所有的人都争先恐后，饥不择食地吃喝，可只有一个青年人站在一旁不动，有人拿食物给他，他婉言谢绝了，并坚持要先干活才接受施食，

他就是后来成为美国石油大王的哈默；司马迁受宫刑而怒作《史记》；孙膑刖双足而血凝兵书；张海迪高位截瘫自强不息成为时代巨人。著名画家徐悲鸿在国外留学时，一个看不起中国人的外国人说："中国人愚昧无知，生就是亡国奴的材料，即使送到天堂深造，也成不了才！"徐悲鸿不卑不亢地说："那我代表我的国家，你代表你的国家，我们比一比，看到底谁是人才，谁是蠢材。"从此徐悲鸿起早贪黑，努力学习，他的画不仅受到艺术家的好评，还轰动了巴黎美术界。正是他懂得自尊自爱，才使他在困难的条件下取得傲人的成绩。他曾说："傲气不可有，傲骨不可无。"足以说明，一个人不能狂妄自大，目中无人，也不能丧失气节地一味讨好别人，作践自己。可以说自尊是人的脊梁，它使人挺直腰杆做人，更是人生的一笔无价宝，有了它就拥有巨大的财富。

自尊，就是要求自己尊重自己，不向别人卑躬屈节，也不容许别人歧视、侮辱，当自己受到不公正的待遇或委屈时，要勇敢的站起来，为自己说不，但更要尊重别人。人只有懂得尊重他人，才会受到应有的尊重。

自爱，就是要求爱惜自己的身体、名誉，它是对自己的生命实体之爱和精神人格之爱，自爱与爱人是相互依存、共生共长的。一个人只有懂得爱自己，才能更好地懂得爱别人，才能使自己的生活更精彩。

一个懂得自尊自爱的人，不管在什么环境下，都会兢兢业业，努力学习，严肃认真地履行自己的职责，把自己的事做好。更会在自尊自爱的基础上，自信，自强，自觉并主动的去做好任何一件事。懂得自尊自爱的青少年，他们的学与做，他们求与索，逐渐会远离依赖性、被动性和胆怯性，代之以独立、自信自强的理念，去顽强拼搏，孜孜不倦，开拓进取，大胆创新，有勇气冲破任何艰难险阻，追求自己的理想。他们能够以国家和人民的利益为重，在任何逆境中都能保持自

己的本分，在生活和学习中，能够以身作则、言行一致，把自己塑造成一个有道德、有理想的人。

人生众平等，本没有贵贱高低之分，有的只是文化的差异，地域的差别，世上没有什么东西比自己的人格更高贵、更重要，人要做到自尊自爱，才能自立自强，在变化不定的人生路上站稳自己的双脚，坚定自己的目标，昂首挺胸做人，凭自己的本事摘取人生的硕果。

自尊自爱，健康成长

一个人自尊、自爱的品质不是天生就有的，而是靠后天的培养逐步形成的。中学阶段是人格塑造的关键时期，为了自己能健康成长，养成自尊、自爱的良好品德，树立高尚的人格尤为重要。

要做到自尊自爱，就必须先认识自己，了解自己，理解自己，学会容纳自己。如果你自己都不能接受自己，总是把自己设想成一只丑小鸭，躲在窝里自惭形秽，不能走出自己所织的茧，怎么去证明自己不是只天鹅？不要总是自卑，不要总是仰慕别人，世上没有完全相同的两片树叶，更没有完全相同的两个人，每一个人在这个世界上都是独一无二的。没有天生的伟人，也没有人天生就会成功，关键在于自己是否有追求的勇气，是否有实现的恒心。一个人要做到自尊自爱，其前提就是不自卑自弃，无愧于自己，才能赢得自我，赢得多彩的人生！

注意仪表也是自尊自爱的具体表现。爱美之心，人人皆有，进入中学以后，许多学生特别重视自己的容貌和衣着，可要知道，世界上最名贵、最美丽的衣服不是珍珠汗衫，也不是羽衣霓裳，而是惭愧知耻、自尊自爱。一个懂得自尊自爱的人，只要仪表优美、大方，在言行上约束自己，维护自己的良好形象，主动爱护他人的尊严，把尊重自己和尊重他人结合起来，身上所散发出的气质，即使你不穿最好的

衣服，也会使人对你肃然起敬。

自尊自爱的人，懂得珍爱自己的生命，但自爱不是自恋，也不是极端的自我保护，更不是消极的自甘堕落。青少年，人生只有一次，生命如此可贵，不可为了一时的冲动，而放弃如花的生命，毁了自己的一生。

自尊自爱的人，更懂得珍惜时间。每个人的生命都是有限的，属于一个人的时间也是有限的。古人云："一寸光阴一寸金，寸金难买寸光阴。"每个人从来到这个世上起，所拥有的时间就开始倒计时，珍惜时间就是珍惜生命。青少年，学习知识的黄金时期，只有珍惜每一分钟，不肆意挥霍自己的时间，不虚度年华，为自己以后的人生打下坚实的基础。

自尊自爱的人，敢于面对生活的苦难。古语说，"将相本无种，男儿当自强"。先天的环境谁都无法改变，成功路上的困难谁也避免不了，重要的是你是否有克服困难，战胜环境艰险的勇气。苦难对于伟人来说是一块垫脚石，对于能干的人是一笔财富，对于弱者则是万丈深渊。飞速发展的现代社会是一个充满挑战的社会，只有从小培养磨炼出坚韧的毅力和超强的接受能力，才能在以后的人生路上从容面对更大的困难。

青少年朋友要养成自尊自爱的品质，因为自尊可以重塑你的人生，可以让你懂得尊重他人，可以让你言语文明，可以让你行为端正，更可以让你处事认真，温暖你的人生。自尊自爱是健全人格必备的良好心理品质，它是一个人日趋成熟的标志，它能在潜意识时要求自己，完善自己，自觉履行自己的责任和义务，使自己珍惜自己的生命，更能驱使人奋发进取、自强不息。它能让你堂堂正正的做人，无悔一生。

4. 勇敢地面对自己

常言道："智者千虑，必有一失。"一个人再聪明，也总有失败犯错误的时候。人在面对错误时，往往有两种态度：一种是拒不认错，找借口辩解推脱；另一种是坦诚承认错误，勇于改正，并找到解决的途径。

古训云："见善则迁，有过则改"、"金无足赤，人无完人"，当代青少年在学习和生活中，由于知识和生活经验不足，犯一些错误是难免的。要记住，有错误并不可怕，可怕的是犯了错误却没有勇气承认，没有改正错误的决心！只要能诚恳地承认错误，及时地改正错误，在承认错误的基础上，在改正错误的主观愿望下，不断汲取别人的优点和长处，错误才会升格为锤炼品格、提升境界的契机。

犯错后，不要为自己找借口

很多青少年在面对自己所犯的错误时，往往不愿意承认自己的过失，还会寻找各式各样的借口，试图逃避自己应承担的责任，试图安慰自己内心中的愧疚。如果你如愿地做到了，那么你很可能会第二次犯同样的错误并能够再次找到"更好的"借口。所以，青少年应在一开始的时候就将寻求借口的路堵死，勇敢地面对错误，承担责任。这样才会从错误中吸取教训，从失败中学习和成长。

乔治·华盛顿是美国第一任总统，他小时候聪明好动，对什么事情都抱有强烈的好奇心。有一次，他为了试试自己的小斧头是否锋利，竟把父亲心爱的一棵樱桃树砍倒了。父亲发现后非常生气，厉声问道："这是谁干的?"

华盛顿心里有些害怕，站在一边紧张地盯着父亲。过了一会儿，

他鼓起勇气走到父亲身旁，满脸羞愧地说：“对不起，爸爸，樱桃树是被我砍断的，我只是想试试自己的斧子是否锋利。”

父亲看着他，问道：“难道你不怕我知道后会打你吗?”

华盛顿勇敢地抬起头，说道：“知道，可是，无论如何我也应该告诉您真相。”

父亲听了华盛顿的话后怒气全消，语气温和地对他说：“亲爱的，我很高兴你对我讲了真话，我宁愿不要*1000*棵樱桃树，也不愿听到你撒谎。”乔治·华盛顿从父亲的眼神里看到了原谅和期望，受到了莫大的鼓舞和鞭策。本着父亲的教导，华盛顿一生都把勇于承担责任作为人生的基本信条。

古人云：“人非圣贤，孰能无过?”实践证明这是一条真理。试想，世上每个人谁能保证自己一生不会犯错误？所以，作为一名青少年，你没有必要害怕犯错误，关键在于你如何对待错误。一个敢于承认错误、勇于承担责任的人是值得信赖和重用的。

做一个诚实的人远比做一个优秀的人更重要。英国哲理诗人塞缪尔·科尔里奇曾教导自己的儿子：“当你做错什么事情的时候，就应该像个男子汉似的立刻去承认错误。你的抱歉也许体现出你的愚拙，但是，他们却能够猜测得到你是一个非常诚实的人。一粒诚实，要远比一磅智慧强得多。我们可能因某人的聪明和智慧而羡慕他，但我们更因他所具有的美好品质而尊敬他、爱戴他。”德国著名作家歌德说过：“最大的幸福在于我们的缺点得到纠正和我们的错误得到补救。”英国的生物学家达尔文也说过：“任何改正都是进步。”青少年朋友应以这些伟人们总结出的经验和教训共勉——勇于承认错误，敢于承担责任，做一个对自己负责任的人!

从错误中吸取教训

一次，丹麦物理学家雅各布·博尔不小心打碎了一个花瓶，但他

没有一味地悲伤叹惋，而是俯身精心地收集起了满地的碎片。他把这些碎片按大小分类称出重量，结果发现：*10～100* 克的最少，*1～10* 克的稍多，*0.1～1* 克和 *0.1* 克以下的最多；同时，这些碎片的重量之间表现为统一的倍数关系，即较大块的重量是次大块重量的 *16* 倍，次大块的重量是小块重量的 *16* 倍，小块的重量又是小碎片重量的 *16* 倍……于是，他开始利用这个“碎花瓶理论”来恢复文物、陨石等不知其原貌的物体。雅各布·博尔的这一行为给考古学和天体研究带来了意想不到的效率。

大千世界，芸芸众生，哪个人不曾犯过错误呢？面对错误，有人跺足捶胸，悔恨自己浪费时光与精力错失大好时机；有人像扔掉一张废纸一样，将错误顺手一“扔”，看都不看一眼；只有那些独具慧眼的人，才能透过错误的表象，发现蕴藏其中的经验、教训乃至智慧，并因此而受益终身。

所谓“吃一堑，长一智”，是经验的总结，是智慧的积累，是跌倒后爬起来的人对过去和未来的思考。错误和挫折教训了人们，使人变得聪明起来了。善于吸取教训，是自我总结的过程，也是一个学习的过程。人们在不断地总结自己的生活经验和他人的失败教训的同时，使自己的思想境界不断地得到升华，能力不断地提高，人生不断地走向成功。

那么，青少年该如何从错误中吸取一些经验和教训来，使个人得到成长和进步呢？

站在客观的角度认知与接纳错误。金无足赤，人无完人，生活中的每个人都会或多或少地犯过错误，有趣的是，当人们越是不能客观地认识、接纳错误时，它就会越是牢固地附在你身上，与你作对。而如果你允许自己犯错误，并真诚地承认它、接纳它，它就会逐渐远离你。

善于调整、控制自己的情绪。在错误面前，有些人常常感受到负面的情绪体验。殊不知，这恰恰是情绪带给人的意义：它提醒人们要注意这个问题，要采取行动去解决它。情绪具有推动力，这也是错误具有推动人们前进的原因。

直接学习。在生活中，人们通过身体力行体会到的第一手经验，可为今后的生活提供极为有益的借鉴。

在错误面前，青少年朋友要保持良好的精神与心理状态。要明白，无论什么事情，都有两面性，关键是你在看到不好的一面时，找到和提炼出一些具体的改进方法，从而总结经验一步步向前迈进，最终摆脱自己心灵的枷锁。

5. 明确自己的人生目标

人因为有梦想而伟大，一个没有目标的人生是没有意义的。目标是人生航行中的灯塔，有了目标，人就可以容易地排除阻碍，勇往直前的向着成功前进。或许有人会说，过程比结果更重要，但要知道只有明确目标的引导才能使你一生的奔忙不至于失去方向。

在美国著名的哈佛大学里，一些科学家对该校应届毕业生做了有关“目标对人生影响”的跟踪调查，调查对象是一群智力、条件等方面都差不多的年轻人。25 年之后，统计结果出来了：3% 的人有清晰且有长期的目标，25 年都没改变，一直在不懈努力着，他们几乎都成了社会各界的顶尖成功人士；10% 的人有清晰的短期目标，他们大多生活在社会中上层，他们的共同点是，不断按照短期目标前进，成了各行业的专业人士，如主管、工程师、律师、医生等；60% 的人目标模糊，他们能安稳的生活与工作，但都没有什么特别的成绩；剩下的 27% 的人没有任何目标，他们基本上都生活在社会的最底层，生活常

常不如意或失业。

由此可见，目标对一个人来说是多么的重要。目标是一盏明灯，照亮了一个人的生命；目标是一个路牌，在迷路时为你指明方向；目标是一方罗盘，给你导引人生的航向。作为21世纪的青少年，一定要为自己确定一个目标，明确自己的人生奋斗目标。

带着目标上路

在这个世界上，许多人活了一辈子，到晚年依然碌碌无为，没有得到人生真正的乐趣，这是因为他们缺乏一个使自己前进的目标。在现实生活中，如果一个人没有奋斗目标，那么他的人生一定是以挫败结局的；如果有了一个目标，那么他的人生就会变得充满意义，什么事该做，什么事不该做，为什么要做，应该怎样做，这一切都会清晰，明朗地摆在面前。

在现代的社会中，一个有目标的人，毫无疑问会比一个没有目标的人更有作为。可能所设定的目标不能完全实现，但成功的概率要大大高于那些没有人生目标的人。所以，确定自己的目标很重要，可以说目的决定了人生的走向。

在英国的北部，有一个叫约旦的小男孩，他的父亲是位马术师，他从小就跟着父亲东奔西跑，一个马厩接着一个马厩，一个农场接着一个农场地去训练马匹。由于经常四处奔波，男孩的求学过程并不顺利。初中时，老师叫全班同学写作文，题目是长大后的志愿。那晚他洋洋洒洒写了7张纸，描述他的伟大志愿，那就是想拥有一座属于自己的牧马农场，并且仔细画了一张200亩农场的设计图，上面标有马厩、跑道等的位置，然后在这一大片农场中央，还要建造一栋占地500平方英尺的巨宅。

两天后他拿回了作文，上面打了一个又红又大的F，旁边还写了一行字：下课后来见我。脑中充满幻想的他下课后找老师不解地问：

“为什么给我不及格?”老师回答道:“你小小年纪,就做白日梦。你没钱,没家庭背景,什么都没有,就想盖农场啊?盖座农场可是个花钱的大工程,无论是买地、买纯种马匹都是需要花大钱的,甚至还要花钱照顾它们。”他接着又说:“如果你肯重写一个比较不离谱的志愿,我会给你打你想要的分数。”约旦回家后反复思量了好几次,然后征求父亲的意见。父亲只是告诉他:“儿子,这是非常重要的决定,你必须自己拿定主意。”再三考虑几天后,他决定原稿交回,一个字都不改,他告诉老师:“即使拿个大红字,我也不愿放弃梦想。”

20多年以后,这位老师带领他的30个学生来到那个曾被他指责的男孩的农场露营一星期。离开之前,他对如今已是农场主的男孩说:“说来有些惭愧。你读初中时,我曾泼过你冷水。但我很高兴也很庆幸你有这个毅力坚持自己的目标。”

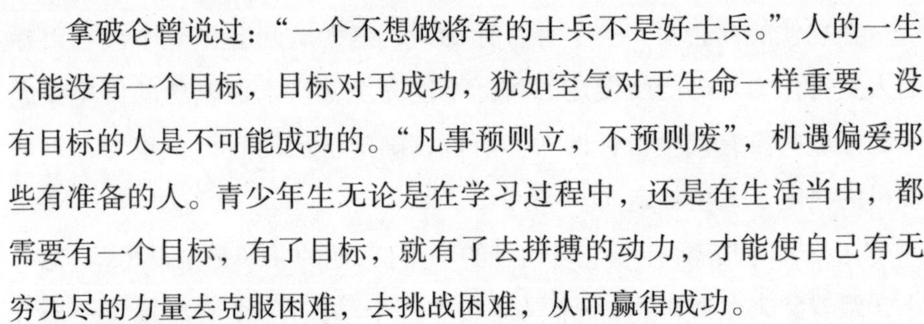

拿破仑曾说过:“一个不想做将军的士兵不是好士兵。”人的一生不能没有一个目标,目标对于成功,犹如空气对于生命一样重要,没有目标的人是不可能成功的。“凡事预则立,不预则废”,机遇偏爱那些有准备的人。青少年生无论是在学习过程中,还是在生活当中,都需要有一个目标,有了目标,就有了去拼搏的动力,才能使自己有无穷无尽的力量去克服困难,去挑战困难,从而赢得成功。

目标让你勇往直前

“我一定要考上北京大学”一个农村的小女孩,朝着这个人生目标奋斗,几年之后终于以优异的成绩进入了北大的校园。“我要让每一个家庭的办公桌上都有台小型电脑”这一目标让比尔·盖茨成为世界首富。目标可以使穷人产生积极性,无论你在前进的过程中遇到多大的困难,只要想到自己的目标,你都能勇往直前。

有一艘三桅帆船正在大海航行,突然来了一阵狂风暴雨。船长为

了减少风雨对船身的威胁，就命令水手们卸下了两面船帆，当他们正要卸下第三面船帆时，却发现齿轮出现了毛病，根本无法操作船帆升降。为了解开系住船帆的缆绳，船长只好选派一名年轻的水手爬到桅杆的顶端。在风雨摇晃船身的情况下，这位水手即将要爬到桅杆的顶端时，却胆怯起来，他紧紧抱住桅杆，不敢再移动一点。虽然甲板上的人们都为这个年轻水手加油打气，但年轻水手却手脚颤抖地大叫："没办法，这儿太高，太摇晃……"

这时，一位老水手对年轻水手说："全船人的生命都操在你手中，现在听我的话，千万不要往下看，集中你的注意力在桅杆的顶端，只看着那条你要解开的缆绳就可以了！"

年轻水手听了老水手的话，抬头只看着桅杆顶端的缆绳。他三两下就爬了上去，顺利地解开系住的缆绳，巨大的船帆很快就落了下来。

老水手的话表面上是提醒年轻水手怎么解开缆绳，其实也说出了准确的目标定位的重要性。有了准确的目标定位，人的精力就能凝聚到一个焦点上，避免那些不相干的事分散自己的注意力，这时你就会不断地朝目标前进。

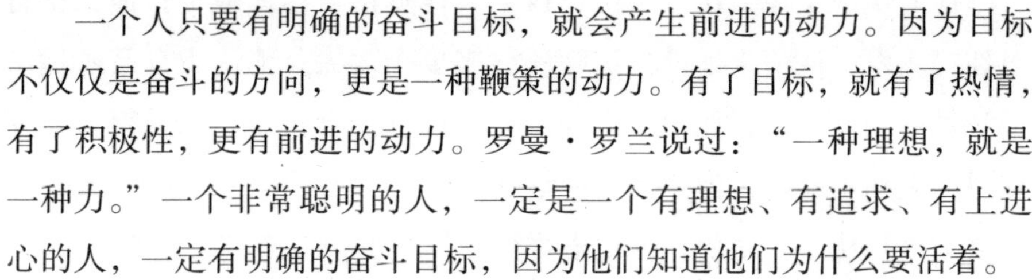

一个人只要有明确的奋斗目标，就会产生前进的动力。因为目标不仅仅是奋斗的方向，更是一种鞭策的动力。有了目标，就有了热情，有了积极性，更有前进的动力。罗曼·罗兰说过："一种理想，就是一种力。"一个非常聪明的人，一定是一个有理想、有追求、有上进心的人，一定有明确的奋斗目标，因为他们知道他们为什么要活着。

一个心志不高、没有远大目标的人，甚至连一张蓝图都没有的人，是不能够创造出什么奇迹的。作为21世纪的青少年，你选择做明亮的不锈钢，还是要做角落里生锈的破铜烂铁？是选择做勇敢无畏的白杨，还是要做顺风而倒的墙头草？是选择做刚强明亮的金刚石，还是要做那乌黑软弱的石墨？人生的道路难以一帆风顺，也固然布满荆棘，充满坎坷，但只要有明确的目标，你就会看到曙光，看到希望。没有目标就不会有对未来美好的憧憬。

6. 让自己乐观起来

在日常生活中，经常会发生一些这样或那样的事，而且每个人都会遇到。聪明的人会一笑置之，因为有些事实在是不可避免的，有些事是无力改变的，有些事情是无法预测的，如果是能补救的，则要尽力补救，无法改变的也就坦然受之，然后调整好自己的心情去做一些应该做的事情。但有些人，每当遇到不顺心的事就会把它们长久地堆积在心里、挂在嘴上，搞得自己的心情很糟，其实，这又何必呢？

烦恼的人往往是庸人自扰

既然我们想要追求幸福，那么，我们就应该选择乐观的生活态度。心态好了看着什么都顺眼，做起什么事都顺心。如果每天都能保持乐观的心态，那么，我们每天的生活都是快乐和充实的。

卡尔的朋友曾经问他："卡尔，你为什么事情发愁呢？"

他的忧虑实在太让人不可思议了，他觉得自己太瘦了；他觉得自己在掉头发；他怕永远没办法赚够钱来娶个太太；他认为自己永远没办法做一个好父亲；他怕失去他想要娶的那个女孩子；他觉得自己现在过的生活不够好；他很担忧他给别人留下一个不好的印象……总之，太多太多担忧了。最后，他忧虑得得了胃溃疡，无法再工作了。

于是，他就辞去了自己曾经所干的工作。可是，在他辞去工作之后，他的内心愈来愈紧张了，最后像是一个没有安全阀的锅炉，里面的压力终于到了令人难以忍受的地步。事后，在他回忆起当时的感觉时说："如果你从来没有经历过精神崩溃的话，祈祷上帝让你永远也不要有这种经验吧，因为再也没有任何一种身体上的痛苦，能够超越

他自己精神上的那种极度的痛苦了。”

“我精神崩溃的情况，甚至已经严重到了没有心情与我的家人交谈。我控制不住自己的思想，充满了恐惧，只要有一点点声音，就会使我吓得跳起来。我躲开每一个人，常常无缘无故地哭。我每天都感到痛苦不堪。觉得自己已被所有的人抛弃了——甚至上帝也抛弃了我。我真想跳到河里自杀。”这也是他在当时内心的一种感受。

后来，卡尔经过一番深入的思考之后便决定到佛罗里达州去旅行，希望换个环境能够对他有所帮助。他上了火车之后，父亲交给他一封信并告诉他，等到了佛罗里达之后再打开看。卡尔到佛罗里达的时候，正好是旅游的旺季，因为旅馆里订不到房间，他就在一家汽车旅馆里租一个房间住了下来。他想找一份差事，可是没有成功，所以，他把时间都消磨在海滩上。卡尔在佛罗里达时的心情比当初在家里的时候更难过。后来，他想起了父亲给他的那封信，于是决定拆开，看看父亲到底写了些什么。父亲在信上写道：“儿子，你现在离家1500公里，但你并不觉得有什么不一样，对不对？我知道你不会觉得有什么不同，因为你还带着你的有麻烦的根源——也就是你自己。无论你的身体或是你的精神，都没有什么毛病，因为并不是你所遇到的环境使你受到挫折，而是由于你自身对眼前的各种情况的想象造成了你这种状况。总之，一个人心里想什么，他就会成为什么样子。在你了解了这一切之后，就回家来吧，因为你已经医好了自己。”

让我们拥有一颗乐观的心

人生最难得的就是一颗积极乐观的心。渴望人生的愉悦，追求人生的快乐，是人的天性，每个人都希望自己的人生是快乐的，充满欢声笑语的。乐观是一种积极的处世态度，是以宽容、接纳、愉悦的心态去看待周边的世界。可是现实生活并不如真空状态般简单纯一，不

如意的事是在所难免的。英国思想家伯特兰·罗素认为，人类的各种不快乐，一部分是根源于外在社会环境，一部分则根源于内在的个人心理。一个人也许无法通过自身的努力去改变自己的生存状态，但绝对可以通过自己的精神力量去调节自己的心理感受，尽量地将其调适到最佳的状态，也就是让自己乐观起来。

乐观的人都有一双神奇的眼睛，他们能够从平凡的事物中发现美，威廉·华兹华斯曾有一首诗道出了这份独特的心境："我曾孤独地徘徊/像一缕云/独自飘荡在峡谷小山之间/忽然一片花丛映入眼帘/一大片金黄色的水仙/我凝视着——凝视着——但从未去想/这景象给我带来了什么财富/我的心从此充满了喜悦/随那黄水仙起舞翩跹。"生活中不乏欢乐，欢乐更要你去用心去体会。有智者说："一个人感兴趣的事情越多，快乐的机会也越多，而受命运摆布的可能性便越少。"所以，一个快乐而乐观的人，往往也是一个能够主宰自己命运的人。

"万事如意"这个成语是人们对于朋友的一个美好的祝愿，但在现实生活中，我们是不能保证事事顺意的，但是，我们可以选择坦然面对，该放则放，不要总把一些垃圾堆在心里，把乌云布在脸上，把牢骚挂在嘴上，否则你周围的朋友都会烦你，甚至不再与你交往了。人活在这个世界上，不管是花草、阳光，还是自己周围的人或事物，大家和平相处，互相共进退，这个世界还有什么不是美好的呢？当自己遇到困难挫折时，保持一种乐观的心态，努力想解决问题的办法，如果一种方法行不同，那么换一种方式，换一个心情，再大的问题都是会解决的，又有什么好叹息的呢？

有句话说得好，我们不能改变天气，但是我们可以改变笑脸，请展开你紧皱的眉头吧，不要陷入生活中不如意的一面而心烦意乱、情绪消沉，让我们的天天开心，改变我们的心情气氛。这种阳光就能够给我们带来好运气，也会使自己成为一个快乐的发源地！

第二节　克服心态弱点

1. 减轻情绪的压力

马克思说："一种美好的心情，比十付良药更能解除生理上的疲惫和痛苦。"因此，愉快的心情是青少年健康成长的重要保证。

众所周知，青少年正处于生理迅速发展的重要时期，而其心理发展相对滞后，这种身心发展的不平衡是产生各种心理冲突的根源，而这些冲突又往往是青少年情绪问题产生的主要原因之一。心理学研究也表明，任何情绪的产生主要取决于外部环境、自身的生理变化及其自身对事物的认知状况。由于青少年的心理还不够成熟，因此当他们面临一些冲击时，不可避免地会产生某些不良的情绪，如紧张、焦虑、抑郁等。这些不良情绪对人的身心伤害很大，青少年应该认识消极情绪，消除不良情绪，这将有助于自己的健康成长。

学会调控自己的情绪

情绪、情感是可以把握和控制的，只要我们能够走出固有的守旧的思维模式，从另一方面来看待问题，就一定能保持良好的情绪，改善不良的情绪，拥有健康的自我。青少年正处于青春期，情绪更是丰富多彩，但由于他们往往不懂得如何运用和操控情绪，总是使好情绪离自己远去，坏情绪却如洪水般如影随形。时间一长，生活和学习势必会受到不良的影响，对身体也没有半点好处。所以，情绪需要疏导，需要用理智对其进行调节。

俗话说："笑口常开，青春常在。"愉快，是一种积极的情绪体验。它使人的大脑处于最佳的觉醒状态，使体内各种器官协调活动，能提高脑力劳动和体力劳动的持久力和效率，同时还能激励人们热爱生活的热情，保持开阔的视野。而急躁、忧伤、惊恐、悲痛、愤怒等不良情绪，常常影响人的身心健康。古人早就发现不良情绪对身体的严重伤害，古书上说：过喜伤心、过怒伤肝、过忧伤肺、过思伤脾、过恐伤肾。范进中举后喜疯的场面就是明证。因此，科学地调适不良情绪，对于身心健康有着重要的意义。

科学研究和生活实践都告诉我们：轻松、乐观、愉快的情绪可以使人精力集中，记忆力增强，思维敏捷活跃，学习效果倍增。有人研究过人的情绪与记忆的关系，对不同情绪下学生的记忆效果进行比较后发现：在相同时间内，情绪低落的青少年，忘记了内容的*1/4*，而心情好的人只忘掉内容的*1/20*。对于学习任务繁重的青少年来说，身心愉快，是提高学习效率的重要条件。然而，在现实生活中，不开心的事常常是十有八九。也许是不小心犯错而懊悔；也许是违反纪律遭到老师的批评甚至责骂；也许是一时的大意而考试失败；也许是因为小小的误会而不被父母、老师、朋友等最亲近的人理解。总之，孤独、寂寞、焦躁不安的情绪，总是时不时地悄无声息的袭来，复杂的生活会给他们带来很大的心理压力。但不管怎样，只要你能够学会适当地调节一下心情，这些难题便不再成为难题。

自我缓解压力，健康成长

近年来，由于受到不良情绪影响而选择自杀的青少年屡见不鲜。据媒体报道：*2005* 年 *7* 月的一周内，深圳某一中学的两名学生跳楼自杀，警方认定自杀者分别有心理障碍及忧郁症。*2004* 年 *10* 月，常州一名 *16* 岁的青少年，因情感问题而自杀。精神病学专家认为应加倍关

注青少年的心理健康问题。

据某教育科学研究所对 500 名青少年心理健康状况及其影响因素的调查研究发现，约有 49.6% 的青少年存在不同程度的不良心理问题，有 10.8% 的青少年存在各种明显的心理问题。这些并不只是一个简单的数字，它更是青少年心里的一个魔鬼，它影响了他们心理的健康发展，阻碍了学习，甚至成了人生道路上健康成长的绊脚石。

适当的压力会激发人的潜力，催人奋进。但是，对于青少年来说，压力过大，不仅不利于他们的健康成长，反而会带来许多负面影响。其中之一就是诱发青少年的情绪问题。在调查中发现，青少年的压力除来自于身心发展不平衡外，更多的来自于学校、家庭和社会在学习、就业方面所施加的压力。家庭方面，父母往往望子成龙心切，对孩子要求过高，个别父母甚至为孩子制定了不切实际的奋斗目标，使孩子时时感到实现目标无望，长期处于失败的煎熬中。而社会上对所谓的学习明星、高考状元的追捧，以及商家为了自己的经济利益所进行的各种推波助澜的广告宣传，也让青少年们感到了前所未有的压力。这些压力，对于尚在成长中的青少年来说，不但不能成为他们前进的动力，相反，会成为他们成长的绊脚石，使他们的心灵受到伤害，产生诸多情绪问题。同时，家庭和学校往往注重学生学习和品德而忽略了向他们传授调控情绪、情感的技能技巧，许多青少年在遇到情绪、情感问题时手足无措。

因此，对于青少年来说，对自身情绪问题的模糊认识妨碍了他们正确把握和调控自己，而能够正确地认识和调控自己的情绪往往是防止不良情绪发生的重要前提条件。

青少年要想克服脆弱的心理，调节不良的情绪，就需要不断加强自己的心理素质，真正了解自己产生不良情绪的原因，掌握控制和调节情绪的有效方法，以便形成喜怒有常，哀乐有度的良好心理素质。生命的意义在于过程而不是终点，追求内心的快乐和幸福也是如此！

在人生的旅途上，每个人都可能碰到坎坷，遭遇失败，但是如果你懂得保持和培养良好的情绪，就会少些忧愁与烦恼，多些开心和快乐。

2. 敞开心灵接受失败

在这个世界上，每个人都喜欢成功，不想失败。可是生为世人，需要为自己的追求而奔波四海，在这个过程中，多多少少的总会遇到一些棘手的问题致使你失败、一无所有，也许你会因此而丧失信心，因此而一蹶不振。

古人云："不经一番寒彻骨，怎得梅花扑鼻香"。失败是每个人都会遇到的，关键是你要怎样正确的看待失败，从失败中汲取经验和教训、把失败当作成功的阶梯，在这样的勇敢者面前就永远不会有失败，反之，被失败压垮或在失败中消沉，失败将紧随于你，使你的人生一事无成。所以，面对失败，不要害怕，一切都可以重新开始，希望就在前方。保持一颗乐观的心态看待失败，只有这样你才能永远立于不败之地。

失败是人走向成功的必经之路

人活世间，我们所走的历程，大部分是由层层叠叠的挫折、失败所堆积起来的。其实，失败是常事，很多人们都是在起落不定、得失无常中感受着皆大欢喜、痛心疾首。或许我们很迷惘，或许我们很堕落，但在迷惘和堕落后，必须要恢复理智，好好面对现实、应变生活。

王健是一位有理想、有抱负的学生，在大学里他所学的专业是食品工程，而且他对于整合食品营养方面都颇有见识和看法。

20 世纪 *80* 年代末，他刚刚毕业就找到一份月薪 *2000* 元的工作，而且还是对口的食品厂的科研工作。但是他不甘于就这样为别人做事，他想有自己的工厂，有自己的事业，于是，他放弃了这份高收入的工

作，搞起了粉丝加工生意。很快，他的工厂就建起来了，没想到的是，由于选择的产品其工艺技术有问题，生产出的粉丝质量不过关，极容易断，虽然已经找到了解决的方法，却没钱把粉丝厂继续办下去。就这样，他把自己所有的积蓄和借来的十几万元赔得一干二净，他的第一次创业则以失败而终止。

失去事业的王健还是不服输，又开始了他的第二次创业。这次他重新选择一种效益不错的项目——开发新品种肉松。刚开始的时候生意还不错，获得或多或少的利润，还还清了以前所欠下的债务。但好景不长，肉松市场的假冒伪劣产品也越来越多。当时，在他厂里所做的肉松一斤的成本价格就需 *13* 元左右，而市场上的一些假冒伪劣肉松才卖 *9* 元钱，这样一来他的产品就没有了市场，很快第二次生意又以失败而关门。

“屡战屡败，越挫越勇”，这八个字用来形容他是最好不过的。在经受前两次打击之后，他仍不服输，不向失败低头，再次开始了他的第三次创业。这一次，他开了一家早餐配送中心，正应验了“失败是成功的积累”这句话，他终于成功了，而且还在当地小有名气。

没有输过的，不算赢家；常在江边走的，哪能不沾湿鞋跟。事实告诉我们：失败是人走向成功不能缺少的经历，失败是人必须学习的一件事，不要用“不可能”、“不行”来否定自己，更不要害怕失败，挫折是暂时的，鼓起勇气，去战胜新的困难，去迎接新的明天。只有仔细回味把握人生挫折，才能真正领会感悟人生的乐趣；只有敢于挑战艰难挫折，才能真正地改变自己的命运；有起起落落的成功与失败，有输有赢，才是完整的人生。也只有在战胜了人生挫折以后，才能使自己变得更加强大，真正走向成功。

而那种自甘堕落的态度只是对失败的一种逃避。在遭到惊涛骇浪的袭击时，越是拼命挣扎，越容易被巨浪所吞没。身处挫败之中就必须以最大的勇气去作拼搏。人生的困难和挫折对每个人来说，都是难得的考验。越是抱有宏大的理想的人，越会遇到更大的困难和失败。困难和挫折是自己的一面镜子，只有照到你，你才会看清自己，认识自己，并从而得到进一步的成长。正如一位哲人所说：失败是人生中的引路灯，是指明成功方向的大坐标。

正确地看待失败，允许自己失败

人的一生不可能是风平浪静的，总会或多或少的遇到一些阻止自己前进的障碍物。至于是搬开石头继续向前走，还是绊死在一块石头上，完全在于他自己的态度。同样是一次失败，有些人开怀大笑，认为那是自己最成功的事情，因为他很清楚，同一种错误他不会再犯第二次，所以他们总以“失败是成功之母”为座右铭；另一部分人，面对失败便心灰意冷，不断的回想着自己的失误，生活在回忆的阴影之中，所以他们就总会：“我的天空在下雨。”

不经历风雨怎能见彩虹！失败是步向成功的垫脚石。人的完整圆满一生中，在一个生命周期的轨迹里，必定要亲身经历多次失败，必定要经常品饮失败的苦酒，必定要时常抚摸失败创伤的心灵瘢痕。一个人的一生，没有经历过失败的一生，是不完整的一生，是不成熟的一生。

所以，对于青少年来说，应该正确的看待失败，要允许自己失败，不要把失败看成是一种不可挽回的错误。“塞翁失马，焉知非福”，也许一次失败，会成为重大转折，反而给予你人生辉煌的动力。此时此地的失败不代表彼时彼地的失败，今天的失败不代表明天的失败。用这种泰然处之的心态对待失败，就会不停止地奋斗和努力，最终获得成功。

真正成功的人是那些面对人生的挑战，不断在逆境中寻找生存机会的人。作为一个有志向有理智的青少年，应该学会客观的去看待成功与失败。“成功”和“失败”是可以互相转化的，只有经历过“失败”才能体会“成功”是何等的珍贵，也只有在“成功”后才会知道

“失败”的意义。“成功”的背后是用“失败”砌成的台阶，如果没有这一层一层的台阶，可能只会永远呆站在原地，无法迈出任何一步。

3. 总有一扇窗为你打开

在这个世界上，从来没有人们所说的“绝境”。因为无论黑夜有多么的漫长，朝阳总会冉冉升起；无论风雪怎样肆虐，春风总会缓缓吹拂……而现实生活中，对于当代的青少年来说，更是不存在“绝境”，即使是挫折接连不断、失败如影响随形，你也永远不要怀疑，因为总会有一扇窗会为你打开。

不要拿失败惩罚自己

生活在这个世界上，不可能事事都如意。而对于那些所谓的烦恼，不妨你扪心自问，是否常起因于自己与自己过不去？事实上，人非圣贤，谁能无过？如果为了一点不经意的过错、挫折、烦恼而使自己深陷在无尽的自责、哀怨、痛悔之中难以自拔，那他的生命就会失去光彩。还有些人由于自己犯了一个小小的错误就无法原谅自己，甚至辱骂自己、讨厌自己，患了厌己症，总觉得别人总是责怪自己，终日感到惶惶不安，使自己的生活暗淡无光。而有些人则可以在失败中找回自己，甚至比以往更成功的自己，而不是拿自己的失败来惩罚自己。

作为商人的麦士，因为患了白内而很大程度的影响了视力，这不仅使他不能阅读与写作，就连驾车外出都极其艰难。于是他只能住院治疗，期间与他一同患病的一位病友因为受不了这种黑暗的折磨，不是对别人大发雷霆就是喝得酩酊大醉；终于这种状态持续了半年后，这位病友就离开了人世。朝夕相处的麦士感到非常凄凉。

因为麦士的病情并不乐观，因此他的生意渐渐陷入了困境。在那段艰难的日子里，特别喜欢阅读的他也深受视力不良带给他的不便，于是他决定寻找一种能够容易阅读的字体。他寻找了一年多后，终于发现在纸上印有粗线条的斜纹字体，不但对视力有障碍的人大有帮助，也能提高一般人的阅读速度。

之后，他把他仅有的积蓄从银行取了出来，把这组新研究出来的字体整理好，计划好好的推广一翻。他还在加州自设了印刷厂，第一部特别印刷而成的书上市后，仅在一个月内，他就接到了订购70万本的订单，不仅使他的事业又一次的成功了，还给许多像他一样的患者带去了诸多方便。

的确，面对人生中的一点点挫折，不同的人会有不同的解决方法，选择勇敢面对的人一定会像麦士一样收获成功，而选择退缩的人就会像麦士的病友一样失去所有，这样不仅失去了快乐的心境，同时还影响了自己的精神状态，甚至是生命。因此，面对生活中的困境为何不抱着尝试的态度去试一试呢！对于广大青少年来说，更需要麦士先生的这种勇气，不要为了生活中一点点小小的挫折而影响了自己，也不要拿这些所谓的失败来惩罚自己，因为这些只有愚者才会那样做。

成功的背后

一场雷电引发的山火，将保罗·迪克刚刚从祖父手中继承的美丽的“森林庄园”化为灰烬。当他面对这片焦黑的树桩，真是欲哭无泪不知道怎么办好。但年轻的他不甘心百年基业毁于一旦，于是对自己说一定要将这座庄园重新修复原来的样子。之后他便向银行提交了贷款申请,但银行对于他的情况却无情地拒绝了。接下来,他四处求亲告友,却没有一个人向他伸出援助之手。所有可能借的人他全试过了,但几天下来却一无所获。这时,他才明白以后再也看不到那片郁郁葱葱的树林了。他的心也掉进了无尽的黑暗之中,为此,他的眼睛熬出了血丝,整天闭门不出,茶饭不思,一心想着怎样才能把这片庄园修复。

一段时间后，他的外祖母知道他的情况后，意味深长地对他说：“年轻人，庄园成了废墟并不可怕，可怕的是你的眼睛一天天地老去，失去了光泽。一双没有光泽的眼睛，怎么能够看得见希望呢?”

听了外祖母的劝说，他一个人走在了深秋的街上，也不知道要去哪里，只是漫无目的地走着。不知道走了多长时间，他在一条街道的拐角处，看见一家店铺的门前人头攒动，走近才发现，原来是一些妇女们在排队购买木炭，那一块块木炭让他突然眼睛一亮，这给了他一丝希望。

接下来的日子里，他雇了几名烧炭工人，将庄园里烧焦的树加工成优质的木炭，分装成箱后，送到了集市，结果很快就被抢购一空。在得到了一笔不菲的收入后，他又用这笔钱买了一大批树苗，一个比原来更新、更大的庄园又初具规模了，几年以后，一个新的“森林庄园”再度绿意盎然。

生活中，失败是必不可少的，意外也可能随时发生。当发生这种情况后，如果只顾自暴自弃，不去发现新的成功、途径，那他则永远也不会成功，而那些在失败过后，去寻找希望的人则很快会得到成功。在这个世界上的人，没有一个人不想成功，但是大千世界，芸芸众生，想要获得成功岂是一件容易的事情？谁不想做万人之上备受注目的赢家？但成功的关键就在于失败后你做了什么，同时它将也是你成功背后的一段经历。

现代的青少年一定要明白，在今天这个激烈竞争的社会中，成功就像一块已经饱和了的海绵，一旦有水分进入就一定会有水分在反方向被挤出。现实就是如此残酷，你能接受也好，不能接受也罢。现实就是如此，关键在于你自己如何对待你的失败。大部分的人在失败后，总是认为自己的“绝境”到了，殊不知，成功就是在这种所谓的“绝境”中创造的。

青少年朋友我们会从失败中体会到生命中最本质的东西，也要相信在失败过后总会有一扇窗在为你打开着。失败与成功是相对的，只有你勇敢地去面对失败，那你接下收获的便是成功。

4. 换个角度看人生

角度，是一个很奇妙的东西，从这个角度望过去，你也许看到的是一片荒凉，但换个角度你便能看到满地的鲜花。其实，任何事情都具有两面性，如果你执意要去看不好的那面，那么你的人生注定会缺乏色彩。但如果总能保持乐观的心态，你的生命便会多姿多彩。一个成功的人，往往会让自己看到好的一面。

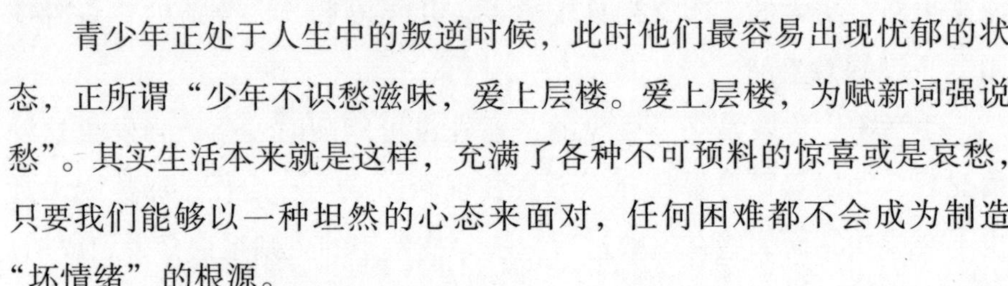

青少年正处于人生中的叛逆时候，此时他们最容易出现忧郁的状态，正所谓“少年不识愁滋味，爱上层楼。爱上层楼，为赋新词强说愁”。其实生活本来就是这样，充满了各种不可预料的惊喜或是哀愁，只要我们能够以一种坦然的心态来面对，任何困难都不会成为制造“坏情绪”的根源。

换个角度创造精彩人生

强者看待事物，不看消极的一面，只取积极的一面。假如摔了一跤，把手摔出血了，他会想：多亏没把胳膊摔断；如果遭遇车祸，撞折了一条腿，他会想：大难不死必有后福。总之，他们会把每一天都当成新生命的诞生而充满希望，倍加珍惜。

有这么两位老太太，她们都已经年届70，一位总是认为：自己活到这把年纪，已经算是到了人生中的尽头，于是便开始为自己料理后事。而另一位却不这样想，她认为一个人能不能做什么事情，不完全取决于年龄的大小，还会受到自己想法的影响。于是，她做出了一个令人震惊的决定：开始学习登山。

所有的人都认为这是一个不明智的决定，可是老太太已经坚定了自己的想法，在众人质疑的目光中，她开始了自己的登山之旅。终于，当她在95岁高龄的时候，终于登上了日本最有名的富士山，一举打破了攀登此山年龄最高的纪录。她，就是著名的胡达·克鲁斯老太太。

中国有句古话叫“人到七十古来稀”，而胡达·克鲁斯老太太却在她70岁的时候开始学习爬山，实在不能不说是一个奇迹。成功人士的首要标志，是在于他有什么样的心态，胡达·克鲁斯老太太的壮举正验证了这一点。当然，也许会有人说，这只是一个奇迹而已。但是不要忘了，奇迹也是人们创造出来的，如果老太太不去试一试，又怎么知道能不能成功呢？而这一切，都归功于她那不服输的心态，这种心态却正是现在的青少年十分缺乏的。可能正是因为如此，这个世界上才会少了许多奇迹，而当奇迹出现时人们又会如此惊叹。

一位伟人曾说过：“要么你去驾驭生命，要么生命驾驭你，你的心态决定了谁是坐骑，谁是骑师。”人生在世，要学会做生活的主人，而不是奴隶。即使挫折挡在了我们面前，只要能以一个良好的心态去面对，就可以把生命的舞台演绎得更加精彩。

角度不同，命运不同

美国学者拿破仑·希尔对于心态说过一句话：“人与人之间只有很小的差异，但是这种很小的差异却造成了巨大的差异！很小的差异就是所具备的心态是积极的还是消极的，巨大的差异就是成功和失败。”换种心态看问题，不仅可以为自己获得更大的发展空间，还可以以一种更坚强的姿态去拓展人生新的领域。

从前，有一位秀才进京赶考，这已经是他第二次参加考试了。和上次一样，他住在了以前住过的那个小店里。在考试前的一天，秀才连续

做了两个梦，第一梦是梦见自己在墙上种高粱，第二个梦是梦见自己站在雨中，头上戴了一个斗笠，手中还撑了一把伞。秀才醒来后，总觉得这两个梦似乎意味着什么，于是赶紧去找算命先生为自己解梦。算命的一听，大呼道："你还是赶紧回家吧！你想想，在高墙上中高粱，那不是白费力气吗？在雨中既戴斗笠又打雨伞，岂不是多此一举吗？"

听了算命先生的话，秀才顿时感到心灰意冷，回到店里就开始收拾自己的包袱。这家店的老板看到感到很奇怪，便问道："明天就要考试了，你怎么今天要回去呀？"秀才对店老板如实说了一番，店老板一听乐了，说道："嗨，这解梦我也会的，我倒觉得你应该留下来。你想想，在高墙上种高粱不是意味着会高种（中）吗？戴斗笠打伞不是说明你对这次考试是有备无患吗？"秀才听了，觉得店老板的话也有道理，于是便又打消了回家的念头。结果，考试结果出来后，秀才居然中了个榜眼。

在这个故事中，算命先生和店老板的话听起来都颇有道理，但对秀才却产生了截然不同的影响，如果秀才执意要回家，那么他可能就会后悔一生了。固然，秀才中了榜眼是因为自己有实力，但如果不是心态的变化，那么他也不会走入考场，所以说心态决定着一个人的前途甚至命运。

看事情的心态和角度不同，就会得到迥然相异的结果。悲观的人想到自己只剩下百万元而担忧，乐观的人为自己还剩下一万元而庆幸。面对金黄的晚霞映红半边天的情景，有人叹息："夕阳无限好，只是近黄昏。"也有人想到的是："莫道桑榆晚，为霞尚满天。"还有人认为："但得夕阳无限好，何须惆怅近黄昏。"面对半杯饮料，有人遗憾地说："可惜只有半杯了。"有人庆幸地说："尚好，还有半杯可饮。"不同的人对同一件事有不同的心态，不同的心态必然有不同的结果。

青少年朋友正处在家庭与社会的边缘，他们还没有经历过大风大

浪，遇到一些不称心、不如意的事情时，难免会出现气馁与妥协。可是当走过之后再回头一看，就会在刹那间明白：谁的人生都不会太过圆满，在生活面前多笑一笑，生活就会给你许多快乐。

心态决定一个人的前途和命运。有的人在短暂的时间内就可以一跃成为强者，取得令人瞩目的成就；而有的人一生摸爬滚打却依旧碌碌无为，平庸度日。当然，有人会说是前者运气太好，这不可否认，不过运气并不能起到决定作用，二者的最大差别在于心态的不同。好的心态是成功的起点，是生命的阳光和雨露，因此青少年要学会凡事都换上好心态。换个角度，你便会发现人生中的另一种精彩；换个角度，你便会发现另一种哲学，另一种处事观。

5. 学会自我调适

人最基本的情绪就是喜、怒、哀、惧，这些情绪的表现对每个人的认识、意志和个性都有非常重要的影响。所以，好的情绪可以使人乐观向上、处事果断，而且还具有丰富的创造性和灵感。然而，那些不良的情绪就会使人们产生疲劳和烦闷，对身心健康的成长极不利。所以，青少年要学会自我调节情绪，让自己快乐度过每一天。

情绪是自身对客观事物的一种体验和态度。在日常生活中，有些青少年整天悠闲自得、快快乐乐，从不知道愁是什么滋味；而有的青少年则经常无精打采，心生自卑总是看不起自己，因此，内心感到孤独和压抑，不愿与别人交往，整天把自己封闭起来。这些不良的情绪严重地影响了青少年的日常生活和学习，使他们的能力不能得到全面的发展。因此，青少年要想维护自己正常的生理和心理的健康，就必须学会自我调节情绪的方法和技巧。

经有关专家研究表明，情绪的变化对人体的机能状态有明显的影响，如心率不平衡、血压过高或过低、呼吸困难、肠胃蠕动、血管紧张收缩、皮肤电阻等，可以这样说，积极的情绪能提高大脑皮层的工作水平，在通过神经生理的机制和机体内外的平衡与协调，就能达到平衡的心态。然而，负面的情绪就严重影响使心理失调及体液分泌紊乱，造成免疫功能下降。所以，当你身心疲惫、期待落空、内心惊慌或失落时，不妨微笑一下，把烦恼放在一边，捡起快乐放入心中，重新评价眼前所面对的事，这样你就会取得意想不到的收获。

让快乐的阳光笼罩心灵

有关心理学家说：正常的情绪反应有助于提高青少年的行为适应能力，同时还具有保健功能；而那些不良的情绪反应会妨碍青少年的身心健康，并导致不良反应。因此，青少年对自己的情绪进行自我调节，以保持良好的心情和情绪状态是很有必要的。所以，青少年必须正确的认识消极情绪给健康带来的危害，然后，找一些适合自己的方法克服消极情绪，并提高自身的情绪调控能力，以一个乐观的心态面对学习和生活中遇到的各种挫折，让快乐的阳光笼罩心灵。

那么青少年应如何调节自己的情绪呢？

1．青少年要不断地改变自我

青少年有许多憧憬、美好的愿望。在他们的面前有许多增长自身能力的机会。然而，他们在享受稳定、幸福的生活时，总觉得郁闷、无趣、无精打采，这种情况下，如果能主动适当的对稳定的生活做些小的变动，就会有意想不到的新鲜感。例如：把你的卧室稍微调整一下，挂一些你比较喜欢的装饰画，或者到外面交个新朋友，尝试一种新的爱好，你就会有与众不同的感觉。

2．学会自我控制

自我控制是青少年在成长过程中最重要的个性品质，是衡量自身心理成熟的重要标志。所以，青少年要有坚强的意志，才能很好的控制自己情绪，并克服不良情绪的影响。然而，自身情绪的波动直接影响着你对周围环境关系的洞察，这一点是对自身适应能力的评价，也是对自身弱点的关注。因此，青少年在平时要注意培养自己的克制力，根据自身的实际情况采取一些切实可行的方法来克制自己的情绪，并积极地采取措施进行疏导，根据自身的情况去适应生存的环境。

3. 享受生活中的乐趣

一般健康的兴趣会给人带来快乐，有关专家表明，人一般在无聊的时候最容易感到烦恼和不快乐了，而那些忙碌的人往往是生活得充实而快乐。所以，有兴趣爱好的青少年，在吸取知识的同时也满足了自己好奇心和求知欲望。有些青少年爱钻研难题，因为他们一旦征服了困难，在心中就会产生满足感；而有些青少年爱看课外读物，如书刊、杂志、青年文摘等，这些广泛的阅读使他们获得广博的知识，为此他们得到了老师和同学们的赞赏和尊重。对于青少年时期的学生来说，发展一些自己喜欢的兴趣，能使自己获取更多知识，在生活中过得更充实快乐。

4. 神奇的音乐魅力

音乐是生活中的一门艺术，是一种另类的情绪情感的表现方式，那些不同曲调和节奏可以使人们产生不同的情绪体验，在抒情优美的音乐中，会觉得精神振奋，情绪饱满，信心倍增。因此，音乐治疗情绪法是青少年最受欢迎的，因为它具有良好的情绪调节功能。

5. 学会自我欣赏和安慰

没有一种惩罚比自我责备、自我懊悔更为痛苦。青少年要知道在这个世界上没有十全十美的人，但是，每个人都有特长和优点，对于往事耿耿于怀是毫无意义的，因为任何人都没有能力改变过去，重要的是吸取失败的教训，有句话说好：如果你已经错过太阳，就不要再

错过星星。如果你遇到了困难和挫折，那么，你不要灰心丧气，你应该欣赏自己的能力。或许你的各方面都并不出众，但是，你的善良、勤奋和认真会让你在心理上找到的平衡。你完全有理由欣赏一下生活中真实的你，而且，你会从中找到快乐和满足。

6. 学会合理的自我发泄

情绪上的不愉快如果长期闷在心里，就会影响脑的功能或引起身心疾病，青少年消除不良情绪，最好的方法就是“宣泄”。情绪上的问题只要你把它发泄出来，心情就会舒畅、愉快。青少年要切忌把不良情绪埋藏在心里，“隐藏的忧伤如熄火之炉，能使心烧成灰烬”。如果怒气能适当地发泄出来，那么，紧张的情绪就可得到缓解，心情也会雨过天晴，雾消云散。

7. 做一个幽默大师，幽默与欢笑是情绪的最佳调节剂

青少年要学会保持幽默的态度，即使是在不利的环境中也依然要保持快乐的心境。因为它是给极度恶劣的情绪产生一个缓冲的过程。幽默是智慧和乐观精神的结晶，它不仅可以使人快乐，还会使人发笑，更重要的是可以驱散心中的积郁，让人以平和的心态来面对生活。所以，青少年要培养自己的幽默感，这样就会拥有更多的智慧，从而摆脱不良情绪所带来的尴尬、愤怒和烦恼。

8. 揭露大自然的奥秘

大自然的山清水秀常能震撼人的心灵，所以，当你情绪不佳时，可以去登山、看海或者走进森林，此时你就会感到心胸开阔、有超脱之感，这些奇妙的感觉都是培养良好情绪的诱导剂。

青少年，一定要学会自我调适，如果连自己都不觉得会有希望，连自己都不懂得调适自己的心态，那么，你会觉得你的生活永远是黑暗的，你会觉得幸福永远只会和你擦肩而过。所以，首先调适好自己，这样你的未来就会有希望，你的以后一定也会越过越好，越来越顺畅。

第四章
做快乐的自己

第一节　寻找快乐心灵

1. 让微笑在心中流淌

微笑是春天里的一缕和风,吹拂过来总叫人感到神清气爽、心旷神怡;微笑是夏日里的一股清泉,流淌而至总使人感到消暑解渴、清爽宜人;微笑是深秋里丰硕的果实,总让人感到在向你颔首致意、笑容可掬;微笑是寒冬里的一轮朝阳,沐浴其中总令人感到温和柔美、暖意融融。

原本一个冷冰冰的人，脸上挂了一丝笑容，你会觉得阳光照到他了；原本正在哭的小孩，脸上挂了一丝笑容，你会觉得他高兴了；原本站在手术室外等待自己亲人的苦恼脸上，挂上了一丝笑容，你会觉得希望来了；原本就不高兴的人，在听了一件不高兴的事情，脸上却还要为了维持基本的礼仪而维持笑容，你就会觉得笑容是多么的美啊……这就是笑容无时无刻记载着人们的心情。

微笑——一种特殊的语言

对老人微笑体现着虔诚的敬意，对孩子微笑饱含着深切的关爱。看见陌生人微笑，你可能会得到同样微笑的回报；碰见老熟人微笑，你定会得到他主动亲切的问候。

境遇低迷时,不妨微笑一下,它可以增添你的智慧和勇气,使你迅速摆脱心中的阴霾,扬起理想和事业的风帆;心情抑郁时,不妨微笑一下,它可以推开你晴朗的心门,让你很快领略风雨过后彩虹的美丽。

微笑能架起人们之间的友谊之桥，能让人们喜欢与你结为朋友。微笑能将贵贱荣辱置之度外，不因功名利禄耿耿于怀。微笑能使自己

充满信心，对未来有美好的憧憬。

微笑,是一种特殊的语言,它更是一种感情,充分表达尊重,亲切,友善,快乐的情绪。拨动对方的心弦,沟通人们的心灵,可以创造一种和谐融洽的气氛从而缓解紧张得空气,架起友谊的桥梁,给人以美好的享受,但微笑不只是动动嘴就可产生的,因为没有人喜欢那职业化的微笑,真正的微笑应发自于内心渗透着自己的感情,表里如一,毫无伪装或矫饰的微笑才有感染力才能被视作绿色通行证,畅通无阻。

万笑皆下品，微笑品最高。微笑的神情最入眼，微笑的感觉最美妙。微笑像昆仑山上的一株小草，给万籁俱寂的山峦带来生机，让广阔无边的旷野彰显春意；微笑如珠穆朗玛峰上的一朵雪莲花，给冰雕玉砌的大自然增添活力，让玉树琼花的冰雪世界充满灵气！

我们都说,笑比哭好。但笑的程度不同,寓意也有所不同,其结果更是千差万别。大笑虽然荡气回肠,但心脏不好的人不宜行之;狂笑亦可放浪形骸,无拘无束,但其结果往往走向歇斯底里,使人分不清是笑还是哭;冷笑让人身上疙瘩顿起,那多是奸佞小人的嘴脸,使人避之唯恐不及;媚笑令人心生厌恶,那是吞噬人心的勾魂酒、惑乱心智的迷魂汤。

微笑就像一缕清风，温暖人的心田；微笑就像一片蓝天，放飞人的心情；微笑就像无际草原，开阔人的视野；微笑就像一朵鲜花，镶嵌人的面颊。

其实，微笑并不难，时时想着营造一个好的心情，做一个向上翘的嘴形，再眨一眨弯月般的眼睑就足够了。微笑会让人多一分美丽，多一点自信；微笑会让人多一种气质，多一个机遇。微笑感动着他人，充实着自己，如果人们都试着对他人微笑，生活将顿时别样精彩，世界也会多一份美好。

让微笑在心中流淌

位于美国俄亥俄州的 RMI 公司曾一度生产滑坡，工作效率低下，利润上不去。后来，公司派丹尼尔任总经理，企业很快改变了面貌。丹尼尔的办法很简单，他在工厂里到处贴上这样的标语："如果你看到一个人没有笑容，请把你的笑容分些给他"、"任何事情只有做起来兴致勃勃，才能取得成功"，标语下签了丹尼尔的名字。丹尼尔还把工厂的厂徽改成一张笑脸。平时，丹尼尔总是春风满面，笑着同人打招呼，笑着向工人征询意见，全厂 *2000* 名工人的名字他都能叫得出来。在丹尼尔的笑脸管理下，*3* 年后，工厂没有增加任何投资，生产效率却提高了 *80%*。华尔街日报在评论他的笑脸管理时称，这是"纯威士忌 + 柔情的口号、感情的交流和充满微笑的混合物"。美国人也把丹尼尔的这个方法叫做"俄亥俄州的笑容"。

我们还会怀疑笑容的力量吗？饱含真诚的笑容，是人间最美的表情。人生岁月中浪费最大的日子是什么？没有笑容的日子。

我们生存在这个大千世界，我们面对这世界的博大与繁忙，偶有苦痛爬满心田，偶有忧虑成为我们前进的路障。但如果我们心若洞箫，微笑就会如歌，伴我们走过世态炎凉。如果我们的情似烈火，快乐就会同我们共度哀伤。把一个大大的笑容置于脸上，那么情也酣畅，意也酣畅。

走过这如梦的日子，以恬淡之心，默默地承诺和接受。心之旅程在历经苦涩和迷茫之时，我们应该留意途中那么多微笑的小花儿，在悄悄地为你开放，送给你一路的喜悦一路的清爽，那是生命的呼唤与等待啊，那是如约而来的欣然与鼓励。

微笑如歌，在我们生活中默默地弹奏着它快乐的音韵；微笑如歌，在我们的生命里悄悄流淌着沸腾的血液；微笑如歌，在我们的心灵中冉冉升起灿烂的花朵。

青少年朋友们，一个微笑，就是启开心锁的那清脆的一响；一个微笑，就是打开心窗的那豁然一亮。始终保持微笑，让微笑在心中流淌，笑就是你快乐的语言，就是你生活的阳光。只要你心中有一份坦然面对这世界的一切,那么,如歌的微笑就会成为你生命腾飞的一双翅膀。

2. 为自己赚取快乐

21 世纪，这不仅是一个躁动不安的时代，随着个人的压力不断增大，它更是一个充满焦虑的时代。与其随波逐流，不如有意识地培养一些让你快乐的习惯，随时帮助自己调整心情。因此，作为青少年，就一定要学会用快乐的心情战胜焦虑。

没错，这就是一个焦虑的时代，所有的人都迫不及待……快乐也许只是一种生活态度，一种生活习惯。心理学博士凯伦·撒尔玛索恩女士说：“我们的生活有太多不确定的因素，你随时可能会被突如其来的变化扰乱心情。

走出忧虑的心境

根据美国一家调查机构在全世界 *22* 个国家调查人们的快乐水平，结果显示：美国人的快乐水平最高，有 *46%* 的美国人对自己的生活感到快乐，其次是印度，*37%* 的印度人乐呵呵地生活着，而中国人的快乐水平最低，位列榜尾，只有 *9%* 的中国人觉得自己活得快乐。

这是为什么呢？这主要是由于不快乐的人不知道如何去寻找快乐，发现快乐。泰来神父说过：人要怎样才会活得快乐呢？最主要的就是要去做让自己喜欢做的事情，让快乐主导你自己的情绪。青少年可别忘记，快乐的心情也需要你自己来做主。

小华是某一实验中学初三的学生。她平时的学习态度很认真、基础扎实，也很得老师们的赞赏。可是心理素质却欠佳，每一次一到考试的时候，她就会感觉自己的心如擂鼓一般，焦虑不已。

根据她的老师反映：她平时的作业很不错，但一到了考试，成绩却总是徘徊在基本及格的 *60* 分左右。她自己也说，看到试卷脑袋发蒙，生怕考不好。

另外，上体育课的时候，练习跳远，在她之前一个同学没跳好，摔了一跤。结果她就非常焦虑，心里也很紧张。结果到她跳的时候，果然也摔倒了。

所以，她的表现很明显，就是焦虑症。

青少年一旦处理不好自己的情绪，结果是很麻烦的，不仅任何事情都做不好，最重要的是对自己的心理方面的打击很大，总是失败，让自己对生活，对人生的态度都有有所改变。就像事例中的小华，如果她以后还不懂得调控自己的情绪，战胜焦虑。那么，对她以后人生的负面影响则是深远的。

快乐的心情，需要你来做主

随着社会的进步，高科技突飞猛进的发展，人们的生活节奏日趋加快，社会竞争越来越激烈。优者生存，劣者淘汰使得人们面对不断变迁的事物时常出现不知所措的焦虑心理。这是社会文明的必然产物，但又是适应社会和环境不得不克服的心理状态。下面，我们来介绍几种用快乐的心情来战胜焦虑的方法：

第一种，就是保持情绪稳定。对突如其来的事物和一些和自己关系重大的事情，人们开始面临它们时，生理上会发生急剧变化，心跳加快，呼吸急促，两手发抖，手心冒汗，这是由于过分焦虑和恐惧引起的。这种过度紧张，使脑神经活动的兴奋与抑制丧失平衡，从而出现难以控制的心慌、不安、紧张，使思维处于抑制状态。其实，适度的紧张对人是有一定益处的，它可以进一步调动人体的各种机能，使思维更加活泼，产生一种增力作用。

第二种，学会在水边散步。有研究指出，因为在婴儿时期便置身于羊水，因此人与生俱来就是亲水的。在水边散步，能有效地帮助人放松身心，即使烦恼再多，在有绿树有流水的环境中，你也能暂时抛开一切，为自己“偷”得片刻悠闲。

第三种，正确估计自己，树立自信心。在日常学习和生活中应多考虑我要怎么做，要如何进取。在各种社交场合，应顺其自然地表现自己，不要总考虑别人怎么看待我，我要怎么迎合别人。

第四种，保持良好的精神状态和身体状态。精神要尽量放松，对面临事物有恐惧感的人往往吃不下，睡不着，惶惶不可终日，对其身心健康危害极大，为防止这种现象的发生，应该在思想上不过分夸大事物与个人前途得失的关系；另外，要保持良好的身体状况，不要过分疲劳，大脑过度劳累会造成头昏耳鸣，兴奋与抑制过程失调，神经活动机能减退，加剧心理紧张程度。

第五种,正确看待自己。青少年应该学会比较客观地认识自己和评价自己的能力,把握好自己的方位和坐标,看准机遇,发挥自己的作用,并不断在快节奏中提高自己的心理承受能力,在各种事件中基本保持心理平衡。尤其是在学习中不要过分注意自己的弱点,多想自己的长处。

青少年，在出现过度紧张和焦虑的时候，首先要树立信心，相信自己是完全可以战胜的。进而采取做深呼吸或默默数数的方法，以此来转移注意，稳定情绪。

只要我们对面临的事物有充分的思想准备和了解，对自己有正确的估计，保持精神松弛，保持良好的身体状态，以及保持稳定的情绪，就可以克服紧张心理，以使自己处于最佳的临场状态。

3. 走出悲观的阴影

青少年的心态和情绪会直接影响学习的效率及效果。心态好的话，就会很有信心的鼓励自己去做好一件事。保持良好的心态，井然而有序的做功课，有利于提高学习效率和取得良好的学习效果。而任何烦躁情绪或过度紧张都会降低学习效率和影响学习效果。

控制情绪和调整心态，保持良好的心态尤为重要，如果你没有一个良好的心态，它将产生消极因素，必将成为你人生路上的一个绊脚石，影响你的心情和效率。只有保持良好的心态，才会产生积极因素，才能对你的工作起到推波助澜的作用。作为新世纪的青少年学生，保持一种健康向上、积极进取的乐观心态尤为重要。

两种性格的人走进同一片森林，悲观的人可能会说这里蚊子太多，吵哄哄的，影响了他欣赏风景的雅兴；而乐观的人可能会说这里除了美丽的花草，还有蚊子在唱歌，真是太美妙了。如果两个人接着走出森林，悲观的人可能会说无聊、郁闷和压抑之类的话；而乐观的人就会觉得四周一片明亮，自己的内心世界豁然开朗。在同一环境下，面对同一件事物，心态不同的人会产生不一样的言行。

心态影响行为

人生之路并不是坦途一条，获得幸福之路也不是畅通无阻的。人生有顺逆境之分，幸福的取得也有难易之分。但不管在怎样的条件下，人们都不应放弃对幸福的追求。在顺境中，人们以舒畅的心情谋求幸福，在逆境中，人们依然应当坚忍不拔，矢志不渝地追求幸福，而不是一味的沉浸在悲观的阴影中。

曾有智者说：“生性乐观的人，懂得在逆境中找到光明；生性悲观的人，却常因愚蠢的叹气，而把光明给吹熄了。当你懂得生活的乐趣，就能享受生命带来的喜悦。”他还告诉世人，“烦恼重的人，芝麻小事都会困住他；想解脱的人，天大的事情都束缚不了他。”

悲观与乐观态度决定了行为。面对相同的事物，由于态度的不同就会产生不同的结果，每个人需要态度，这个态度就决定我们驾驭事物的结果是悲、是喜。

为了研究心态对人的行为到底会产生怎样的影响，心理学家做了一个试验：

首先，他让10名试验者穿过一间黑暗的房子，在他的引导下，这10个人都成功地穿了过去。

之后心理学家打开房间里的一盏灯。在昏黄的灯光下，这些试验者看清了房子内的一切，都惊出一身冷汗。这间房子的地面是一个大水池，水池里有十几条大鳄鱼，水池上方搭着一座窄窄的小木桥，就是他们刚才从上面走过去的小木桥。

心理学家问："现在，你们当中还有谁愿意再次穿过这间房子呢？"没有人回答。

过了很久，有3个胆子大的站了出来。

其中一个小心翼翼地走了过去，速度比前一次慢了许多；另一个颤巍巍地踏上小木桥，走到一半时，竟趴在小桥上爬了过去；第三个刚走几步就一下子趴下了，再也不敢向前移动半步。

心理学家又打开房内的另外9盏灯，此时房里被灯光照得如同白昼。这时，人们看见小木桥下方装有一张安全网，只是由于网线颜色极浅，他们刚才根本没有看见。

"现在，谁愿意通过这座小木桥呢？"心理学家问道。这次又有5个人站了出来。

"你们为何不愿意呢？"心理学家问剩下的两个人。

"这张安全网牢固吗？"这两个人异口同声地反问道。

其实很多时候，成功就像通过这座小木桥，有些人之所以会失败，往往不是因为他能力低下，力量薄弱，而是没有怀着积极的心态，结果还没有上场，就败下阵来。有一个积极乐观的心态，就能让你战胜心理恐惧，成功地通过一座座小木桥。

有两个人，都住在山上。那山挺荒凉，是秃的。第一个挺悲观，一边叹气，一边在山脚下为自己修着坟茔。第二个挺乐观，乐呵呵的，在山坡上种了好多绿色的树苗。岁月悠悠。转眼过了四十年。第一个人果然老了，就泪汪汪地打开坟茔的门，走了进去，再也没有出来。第二个人却精神抖擞，在碧树下采摘着金色的丰收。又过了许多年，第一个人的坟茔前长满了衰草，野狼出没。那座花果山前却花长开，树长青，满山闪耀着生命的辉煌。

原来，悲观与乐观都是种子，都能长出情节。只不过，前者结的果叫无奈，后者结的果叫甘甜。

乐观成就成功

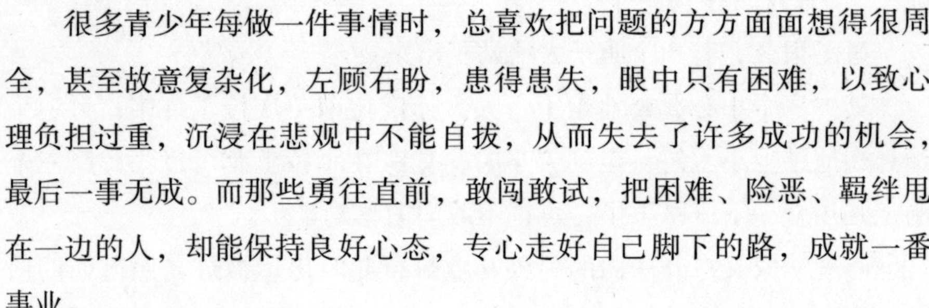

很多青少年每做一件事情时，总喜欢把问题的方方面面想得很周全，甚至故意复杂化，左顾右盼，患得患失，眼中只有困难，以致心理负担过重，沉浸在悲观中不能自拔，从而失去了许多成功的机会，最后一事无成。而那些勇往直前，敢闯敢试，把困难、险恶、羁绊甩在一边的人，却能保持良好心态，专心走好自己脚下的路，成就一番事业。

生活中可能会碰到极令人兴奋的事情，同样也会碰到令人消极的、悲观的事，这本来应属正常。如果我们的思维总是围着那些不如意的事情转圈的话，也就相当于往下看，那么终究会摔下去的。因此，我们应尽量做脑海想的、眼睛看的，以及口中说的都应该是光明的、乐观的、积极的话题，往上看才能更快地走向成功。

拿破仑一次与敌军作战，遭遇顽强的抵抗，队伍损失惨重，形势非常危险。拿破仑也因一时不慎掉入泥潭中，被弄得满身泥巴，狼狈不堪。

可此时的拿破仑浑然不顾，内心只有一个信念，那就是无论如何也要打赢这次战斗。只听他大吼一声："冲啊!"

他手下的士兵见到他那副滑稽模样，忍不住都哈哈大笑起来，但同时也被拿破仑的乐观自信所鼓舞。一时间，战士们群情激昂、奋勇当先，最终取得了战斗的最后胜利。

无论在任何危急的困境中，都要保持乐观积极的心态。因为有没有乐观的态度直接影响到自己一生的成败与否。

青少年要拥有乐观的心态，首先目光就要盯在积极的那一面，从篱笆望去，你是看到了黄色的泥土还是满天的星星？以不同的心态去看待身边的事物，就会收到不同的效果。

乐观与悲观一方面跟本人的性格、境遇有关；另一方面也与自己的兴趣爱好心态有关。一个人应该多培养一些爱好，经常做一些自己喜欢的事，没必要过分的约束自己，毕竟人的一生就那么几十年，而人的追求是永无止境的，所以结果并不重要，在追求中享受过程才是最重要的。如果你多数时候是不快乐的，那可能是你给自己的压力太大，应该给自己降低点要求，放下包袱，轻装前行。

总之，不管你是乐观还是悲观的，你的一生都不会是一帆风顺的，逆境中要学会释放压力，为自己的生活寻找快乐，你不可能十全十美，但是你一样可以有一个快乐的人生。

远离悲观，人将少一份忧愁；学会乐观，你将多一份快乐；学会达观，你会多一份冷静和智慧。选择一种好的心态，获得一种成功的人生。新世纪的青少年还有很多的事情要做，要学会保持一个良好的心态，走向成功的道路。

4. 让微笑伴你成长

你感觉过别人对你的微笑么？心里有什么样的感受呢？微笑，当做一个很细小的动作，给别人无限的温暖，拉进你跟别人之间的距离。让自己会心的一笑，开心的微笑，对自己的心理调节也会起到很大的

作用。

微笑让心灵更丰盈，微笑让生命更富有。微笑是一种仪表，一种风度，一种语言，真诚的微笑还给人以尊重、希望、鼓舞、温馨和芬芳，微笑是三月的春风，能将脸上的阴云扫荡；微笑是人间的彩虹，能架起友谊的桥梁，微笑是美德的外露，是智慧的展示；微笑更是艺术的符号。

微笑是世界上最动听的语言

微笑是省力的，又是不易的。说它省力，是因为微笑只需动用*13*块面部肌肉，而皱眉蹙额需要动用*47*块面部肌肉；说它不易，是因为微笑来自爱心真情，来自宽阔胸襟，需要一定的修养和长期的坚持。所以，学会微笑应该成为青少年成长道路上的一个必修课。

可以说，微笑是世界上最美的行为语言，虽然无声，但最能打动人。在青少年成长的道路上，必不可少的一件东西就是微笑，也唯有微笑能够化解人与人之间的仇恨。所谓一笑解千愁，说的就是这个道理，所以青少年应该学会微笑，因为也只有微笑才会让人感觉到温暖。

世界上有上千种不同的语言，唯有微笑没有国度，它可以瞬间表达你的热情、友好和善意。当你一个人独处时笑了，那是真心的笑！生活中要用真心的微笑面对周围的每一个人，然后自己就会变得更加自信和受欢迎。所以不论什么时候，微笑永远都是世界上最动听的语言。他的力量可以达到无极限。

记得有位哲人曾经这样说过，微笑是一个人最美的神态，长得再丑的人，只要一露出真诚的笑容，就会一下子变得漂亮起来。回眸一笑百媚生，六宫粉黛无颜色！说的恐怕就是这个道理。微笑与我们的生活息息相关。说微笑是高级营养霜，涂抹在脸上，我们便会愈加美丽动人；微笑是清凉的山泉水，滋润了你的心田，平静了别人的火气。

微笑于朋友，是心与心的沟通；微笑于陌生人，是点与点的缩短；微笑于亲人，是贴心的关爱；微笑于敌人，是自信的回击。

微笑是一种内在的气质，气质来源于个人的文化底蕴和修养；微笑是一种超然的境界，境界需要生活的历练和真心的体味。喧嚣尘世，繁忙的工作，疲惫的生活，受约束的是身体，不受约束的是心灵，只要你的心情是晴朗无云的，你的人生就没有阴暗寒冷。其实，这一切都只要一个会心的微笑就够了。其实青少年更应该学会对生活中的每一个人微笑。

日本保险业的推销之神原一平身材矮小，其貌不扬，他之所以成功的秘诀就是因为他的笑，据说他会三十八种笑，其中最为之称道的是他那婴儿般纯真的笑，最能打动人心。麦当劳的老板则认为："笑容是最有价值的商品之一。"微笑是展现服务行业综合素质和品位重要的元素。

而对于青少年来说，在所有的交际语言中，微笑也是最有感染力的，微笑是放之四海而皆准的"人际交往的高招"。因为往往一个人微笑能很快缩短你与他人间的距离，表达出你的善意、愉悦，给人春风般的温暖。一个微笑，邻座的人就可能成为自己的朋友。笑暖人心，可体验到家庭般的快乐，建立人与人之间的好感。微笑使疲倦者休息，拘束者轻松，悲哀者节哀，就像一种情绪的调和剂，更是人际关系的润滑剂。

微笑是一种气质，气质得益于修养；微笑是一种境界，境界需要磨炼。喧嚣尘世，繁忙生活，受约束的是生命，不受约束的是心情，只要你的心情是明亮晴朗的，人生就没有阴天。对于青少年来说，更应该给生活一个真诚的微笑！微笑与我们的生活息息相关，却没有多少人真正去重视；微笑其实很简单，但并不是人人都能做到。

微笑是护肤霜，涂在脸上，我们便愈加美丽动人；微笑是山泉水，

流过心田，使我们倍感温馨和感动。微笑于朋友，是心灵的默契；微笑于陌生人，是距离的缩短；微笑于亲人，是感情的营养品；微笑于敌人，是强有力的杀伤武器。所以青少年一定要学会微笑，微笑可以表现出你的大度，可以表现出你的涵养。

学会微笑，让快乐在生活中漫延

美国著名企业家卡耐基说：“笑容能照亮所有看到它的人，像穿过乌云的太阳，带给人们温暖。”可以说微笑的力量是巨大的。微笑是人际关系中最佳的“润滑剂”，无须解释，就能拉近人们之间的心理距离。

微笑是人类面孔上最动人的一种表情，是社会生活中美好而无声的语言，她来源于心地的善良、宽容和无私，表现的是一种坦荡和大度。微笑是成功者的自信，是失败者的坚强；微笑是人际关系的粘合剂，也是化敌为友的一剂良方；微笑是对别人的尊重，也是对爱心和诚心的一种礼赞。

人人都渴望别人对自己微笑。尤其身在异乡为异客者，更觉得别人给自己友善的微笑是一轮冬日的太阳，一缕夏日的清风。然而生活中能领略到这道风景的并不多，我们应当学会微笑。青少年学会微笑，就会从内心深处感觉到快乐，在这样微笑轻松的环境中努力让自己变成一个无限接近完美的人。

当人们遇到挫折、心情不佳时，最想看到的就是微笑，最想得到的就是温情。尤其是对青少年来说，在遇到了困难或者挫折的时候，最需要的是一个真诚的微笑。因为微笑如同伸出的温暖的手，能帮助他们走出痛苦的泥潭，能起到化干戈为玉帛的神奇作用。所以只要学会了对自己微笑，就学会了热爱生活；学会了对别人微笑，就学会了珍惜美好；学会了对一切生命微笑，你的人生便处处充满阳光！

莎士比亚曾说："如果你一天中没有笑一笑，那你这一天就算是白活了。"美国一位心理学家也认为："会不会笑，是衡量一个人能否对周围环境适应的尺度"。这就说明真诚的微笑能够感染周围的人。微笑是"良药"，微笑是健康的"通行证"。作为青少年，不妨笑口常开，用微笑去调节紧张的情绪，让他人从我们甜美真诚的微笑中获得轻松和愉悦。所以我们每个人都要学会微笑。

第一，我们要笑得自然。微笑是发自内心的，是美好心灵的外观。这样才能笑得自然，笑得亲切，笑得美好、得体。要注意不能为笑而笑，没笑装笑。学会在陌生的环境里微笑，首先是一种心理的放松和坦然。对待陌生人，我们该多一些真诚和友善。而我们学会了微笑，你的笑脸、他的笑脸、所有人的笑脸尽管依旧"陌生"，依旧要擦肩而过，但我们的内心却再不会疲惫和紧张，我们的心里也变得轻松而愉快。人与人之间虽无言但很默契，我们在陌生的环境里感到的不再是陌生与冰冷，而是融洽和温暖。学会微笑，你就学会了怎样在陌生人之间架一座友谊之桥，也掌握了一把开启陌生人心扉的金钥匙。

第二是要笑得真诚。微笑既是自己愉快心情的外露，也是纯真之间情的奉送。真诚的微笑让对方内心产生温暖，有时候还可能引起对方的共鸣，使之陶醉在欢乐之中，加深双方的友情。学会微笑，因为微笑是交往最好的良方。在交往中微笑，在微笑中交往，微笑为交往助兴，交往为微笑生辉。学会微笑，因为只要你对人微笑，一定会有好的回报。对人微笑，微笑在脸上，微笑在心中，微笑出好心情，微笑出好氛围，微笑出好的结果。

第三，要笑在合适的场合。微笑并不不讲条件的，也并不是可以用于一切交际环境。它的运用是很讲究的。当你面带笑容时，你的心情不会差到那里去。当你面对一个笑容满面的人时，你也很难不对他报以微笑。微笑使人觉得自己受到欢迎、心情舒畅，但对人微笑也要

看场合，否则就会适得其反。

学会微笑，因为微笑是一种无声的语言。无声的微笑，笑逐颜开；无声的微笑，喜形于色；无声的微笑，喜上眉梢；无声的微笑，胜过千言万语。这是一种无声的语言，此时无声胜有声。学会微笑，因为一个微笑，可以给人以亲切的感觉。不论你们过去是否相识，只要给人以微笑，一定会立即得到他人的微笑。在微笑的对视中，双方走得更近；在微笑的对视中，他人也得到了亲切的感觉。

第四，微笑的程度要合适。微笑是向对方表示一种礼节和尊重。但是如果不注意程度，微笑得放肆、过分、没有节制，就会让人有不舒服的感觉，引起对方的反感。学会微笑，因为一个微笑，可以化解双方的矛盾。在工作中与他人产生了矛盾，只要你敢于对他人报以微笑，矛盾很快就可以化解。微笑是一剂良方，微笑更是一针化解剂。

第五，微笑的对象要合适。对不同的交际对象，应使不同含义的微笑，传达不同的感情。学会微笑，因为一次谈话从微笑开始，可以开启尘封的心灵。对于性格孤僻的人，如果你能立即给予微笑，他也会学着微笑，如果你能在微笑中与他促膝谈心，一定可以窥视他的心灵。

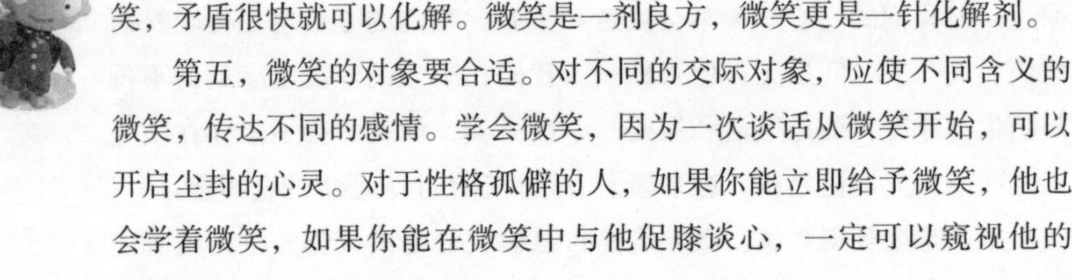

对于青少年来说，学会微笑，因为一次交流从微笑开始，可以营造和谐的氛围。在交流中，首先带头微笑，一定能带动他人微笑，在交流中，大家都微笑，气氛一定会和谐、美好。没有照耀万物的太阳，便没有芸芸众生的生机勃勃；没有源自内心的真诚微笑，便没有世间汩汩流动的温情。虽然，我们是哭着来到这个世上的，但是，我们应该微笑着面对人生。对于青少年来说，更应该学会微笑。

5. 快乐来自心灵呼唤

有时我们费尽心机寻找快乐，却更加迷失自己，因为我们并不知道快乐其实就在我们的心里。

每个人都想让自己快乐，但却不知道快乐是自己给的，快乐是需要心灵呼唤的。

生活总有逆境和顺境相伴，有苦难与喜悦相随。面对仅有的一碗干小麦，悲观的人只会抱怨命运的不公，为明天的日子忧伤哀叹，沉浸在悲哀中无法自拔，而乐观的人却感到庆幸，并满怀希望地思考着如何将小麦变成一碗香喷喷的小麦粥。

是的，其实，快乐是来自心灵的一种选择。快乐的小马驹“远在天涯近在心灵”，它不在别处，它就在无垠的广阔心田里奔腾跳跃，只要我们以一颗乐观的心来面对纷纭芜杂的生活，追求光明，向往快乐，积极生活，我们就会变成那只快乐的小马驹。

让快乐成为生活的主旋律

心境影响着我们所处的世界。一个拥有快乐心境的人，看到的是一个值得欢欣的世界；一个内心充满仇恨的人，见到的是一个令人愤怒的世界；一个心中满是忧伤的人，见到的是一个充满悲哀的世界……也许我们的境遇的确糟糕，但只要能包容所有的不公，宽恕命运的不平，我们便不会再抱怨，因为我们拥有充满信心的快乐。

快乐源于心中的感受，而并不在于身处的环境。有人花费半生的积蓄去外国度假，结果却扫兴而归；而也有人在受灾的灾区中划艇作乐，玩得不亦乐乎。如果心中没有快乐，即使走遍天涯海角，也不会找到想要的那片乐土；如果心中充满快乐，哪怕身处逆境，也可以泰然面对。

有一个国王，虽拥有其他人想要拥有的一切，却仍然抑郁寡欢。虽然每日招一群优伶舞者为自己表演，但依然是终日闷闷不乐。于是一群好事的大臣纷纷给国王出谋划策，希望能博取国王的开心。其中有一位大臣建议说："如果能找到一个快乐的人，让他把衬衫脱下来给您穿上，相信您就能得到快乐了。"

国王信以为真，马上命令使者四处寻找快乐的人。使者以为富足的人肯定会快乐，于是就找遍国中的显赫贵族，但却没有人认为自己快乐。他们每个人都有心事，都不快乐，他们觉得生活缺少乐趣。

使者们又想到小孩子应该是快乐的，于是又找遍所有的小孩子，但是小孩子都说自己不快乐，因为他们害怕大人的斥责，他们有许多想要的东西却无法得到。

正当使者们沮丧担心之时，他们看到一个在烈日下劳作的农夫，他裸露着上身，满身大汗，一边高声唱着歌，一边走到树下纳凉。使者走上前去问他："你快乐吗？"农夫说："当然快乐啊！我自食其力，无忧无虑，真是快乐极了！"使者们听后大喜："那你能把你的衬衣给我吗？"农夫抱歉地说："哎呀，我没有衬衣。"

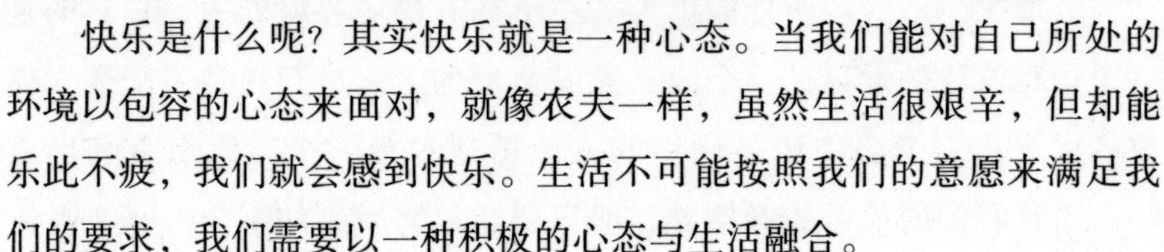

快乐是什么呢？其实快乐就是一种心态。当我们能对自己所处的环境以包容的心态来面对，就像农夫一样，虽然生活很艰辛，但却能乐此不疲，我们就会感到快乐。生活不可能按照我们的意愿来满足我们的要求，我们需要以一种积极的心态与生活融合。

的确，有时我们费尽心机寻找快乐，却更加迷失自己，因为我们并不知道快乐其实就在我们心里。

有许多人感到生活的压力很大，于是便到网络世界去寻找快乐，街角的网吧里，烟雾缭绕，狭小的空间内是24小时无休止的电脑鏖战，但是这样的娱乐得到的只是疲惫与空虚，而不是心灵充实的快乐，此时快乐已经沦为寻求刺激和兴奋，没有丝毫收获，就更谈不上充实了。

那么，快乐是否在很遥远的地方，在天涯海角，在我们无法触及地方呢？当然不是，快乐在我们心中永驻，只是我们没有发现它。古人崇尚宁静的生活，在宁静中日出而作，日落而息，在悠然中读书品茗，平淡也快乐；陶渊明隐居乡间，种豆南山，采菊东篱，写诗作赋，寂寞也快乐；刘禹锡以文会友，陋室中永存德性，又有苔痕、草色，清贫也快乐；李白在月下对酒当歌，抒写豪放诗文，即使失意，却不失乐。拥有古人的心态，我们会发现拥有快乐其实很容易。

为生命涂一抹快乐的色彩

生命原本是无色的，当我们用正确的心态去装扮它，它便会拥有绚烂的色彩。

有这样两个小兄弟，一个非常忧郁，而另一个则非常乐观。他们的父母把他们带到精神病医生那里看病，想让悲观的孩子快乐起来，而让快乐的孩子能正视生活中的障碍。于是医生把悲观的孩子锁进一个摆放着许多新奇玩具的屋子，把乐观的男孩锁进一个摆满了马粪臭气熏天的屋子。当重新打开屋门时，人们发现悲观的男孩正在号啕大哭，不肯去玩那些玩具，因为怕把它们弄坏。而乐观的男孩则正兴高采烈地铲着马粪，他还兴致勃勃地对父亲说："有一屋子的马粪，那在这附近一定生活着一头快乐的小马驹！"

这是美国前总统里根在他的演讲中经常用到的故事。故事告诉人们，无论在多么困难恶劣的环境中，只要拥有英雄主义的进取精神，从积极和乐观的方向去思考和努力，就能取得成功。里根总统一生的传奇经历也是这道理的最好写照。

两个人结伴到山中露营，当夜幕降临时，快乐者看到的是满天的繁星，而忧郁者却在为帐篷被偷而烦恼。路边有一颗玫瑰，悲观者为花中的刺痛苦，而乐观者却为刺上的花而快乐！一张带着墨点的白纸，你会为白纸上的墨点而失意，还是会为墨点下的白纸而庆幸呢？

许多时候我们不快乐，不是因为快乐离我们太远，而是我们还不知道自己和快乐之间的距离有多近。快乐不需要刻意经营，快乐也不一定完美，只要舒心、轻松、惬意，那就是快乐！

让不快乐的心情离我们远去吧！青少年朋友，当你不开心时，建议你做做运动，比如打一场篮球或跑一场步，把你的情绪宣泄出来，不要埋在心底。或者大哭一场，或者听听音乐，想想开心的事，抛弃所有的烦恼吧。快乐其实很容易，放松心情，登高望远都会有快乐的体验。让自己始终保持快乐的心境，是一种处世智慧，赶快快乐起来吧，你的快乐心情也能感染身边的人！忘却心中的迷茫，抹去眼中的忧伤，放飞心中的梦想，快乐其实就在你我的身边。

喧嚣尘世，受束缚的是生命，自由的是心情。只要心空晴朗，人生就没有泥泞。其实，快乐真的很简单，有时，它就是潺潺流过心田的一抹微笑！快乐，并不遥远，它就在我们每个人的心中！

6. 乐观让你受益一生

乐观是指人精神愉快，对事物的发展充满信心。美国成功学学者拿破仑·希尔说过这样一段话："人与人之间只有很小的差异，但是这种很小的差异却造成了巨大的差异！很小的差异就是所具备的心态是积极的还是消极的，巨大的差异就是成功和失败。"可见，积极乐观这个习惯对我们的人生的影响是多么的巨大。乐观是跌倒后的勇敢爬起；乐观是受伤后的不怕痛苦；乐观是受挫后的坦然面对。一个乐观者在每种忧虑和困难中总能看到一丝的希望，而那些悲观者却会在每种的忧虑和困难前看到了一种可怕的"影子"。聪明的青少年朋友，你会选择追求乐观，还是会追求悲观呢？相信你一定会选择前者吧！

乐观与悲观

在人的一生中，难免会遇到一些挫折，在挫折面前，有的人会乐

观地面对，而有的人却一味的埋怨，甚至会结束自己美好的一生。乐观者在每次危难中都看到的是机会，而悲观的人在每个机会中都看到的是危难，所以，青少年朋友无论处于什么样的环境中，都一定要有一种乐观的心态，拥有这样的情绪将会使你受益一生。

有一位父亲想对一对孪生兄弟作“性格改造”，因为他的孩子其中一个过分乐观，而另一个则过分悲观。一天，他买了许多色泽鲜艳的新玩具给悲观孩子，又把乐观孩子送进了一间堆满马粪的车房里。

第二天清晨，父亲看到悲观孩子正泣不成声，便问：“为什么不玩那些玩具呢?”

“玩了就会坏的。”孩子仍在哭泣。

父亲叹了口气，走进另一个房间，却发现那个乐观孩子正兴高采烈地在马粪里掏着什么。

“告诉你，爸爸。”那孩子得意洋洋地向父亲宣称，“我想马粪堆里一定还藏着一匹小马呢!”

乐观者与悲观者之间的差别是很有趣的：乐观者看到的是油炸圈饼，悲观者看到的是一个窟窿。这两种人，结局大不一样。作为青少年的你，会选择做哪一种人呢?

生活好似半杯水，也就是说：生活原本就不完整。面对半杯水，悲观主义者也许会说：“唉，只剩下半杯水了。”意思是说生活已剩下半杯水，没有什么希望了。因此遇到任何事情都不敢再去尝试，生活也不再充满激情，甚至有的干脆放任自流，决定庸庸碌碌地过完下半生。而乐观者就不会这样，面对同样的半杯水，他们会这样说：“我真幸运，还有半杯水。”

事实上，想法决定一个人的生活，有什么样的想法，就会有什么样的未来。面对人生中的多次失败，大多数人最终败给的并不是别人，而是败给了自己的悲观。

“乐观”向上，悲观就会退避

生活在这个充满挑战的时代，青少年虽然会面对许多压力与挫折，但也有许多机会犹如黑夜里的星光般不断闪现，只是你抬起头仰望天空了吗？现代文明给了人们物质上的极大便利与享受，却也让人类的内心愈加不安与困惑，常常找不到生命的方向。在这些面前，你不应该再祈求会有什么世外桃源能让心灵与世无争地栖息下来，除了勇敢、乐观地面对现实之外，你别无选择。

一个拥有积极情绪的人是不会被环境击倒的，面对困难，他们会永远保持自信、愉悦，而这种心境不仅令他们的生活变得光彩起来，也有助于他们战胜困难，迎接光明的时刻。

美国著名的发明家爱迪生，一生成就无数，他之所以会成功，与他在困难面前永不言败的精神和乐观面对失败的态度有着密切联系。在他晚年的一天夜晚，他苦心经营的实验室着火了，12 千万美元的仪器就这样化为灰烬。当他的儿子四处寻找父亲时，发现父亲并没有去救火，而只是站在一旁观看，爱迪生看到了来寻找他的儿子，说：“快叫你妈妈来，否则她一辈子都不可能见到这么壮观的场面了！”

这是一句多么震撼的语言！在一字一句中，爱迪生让世人看到了他真正伟大的一面，他将普通人看作是五雷轰顶般的打击当作了一种激励，也正是这种心态帮助他在几个星期后有了自己的又一项发明——留声机。

在从这个事例中，你是否体会到了什么道理呢？成功之士之所以成功，不仅仅在于他智商的高低，还在于他身上所具备的那种遇事能从容不迫的良好心态。对于肩负使命的青少年来说，乐观更是一种必不可少的情绪。人生的最高境界就是快乐，乐在其中。渴望人生的愉悦，追求人生的快乐，是人的天性，每个人都希望自己的人生是快乐

的，充满欢声笑语的。快乐是一种积极的处世态度，是以宽容、接纳、愉悦的心态去看待周边的世界。可是，现实生活并不如真空状态简单纯一，不如意的事情是难免的。英国思想家伯特兰·罗素认为，人类各种各样的不快乐，一部分是根源于外在社会环境，一部分根源于内在的个人心理。面对现实，以及面临生存的竞争，只有乐观才能让你勇敢的面对现实，永远立于不败之地。

要拥有乐观的情绪，首先目光就要盯在积极的那一面。积极的人，像太阳，照到哪里哪里亮，消极的人，像月亮，初一十五不一样。乐观，是成功者身上必不可少的一种品质。乐观，能以幽默的眼光看待不愉快的事情，以轻轻一笑缓释痛苦，甚至以不幸中的万幸聊以自慰；乐观，能在困难中看到光明，在逆境中找到出路，尽快走出阴霾，铸就辉煌；乐观，能发挥自己的优长，激励自己的热情，开掘自己的潜能；乐观，还能吸引和感染周围的人，争取他们的理解、支持与帮助。在乐观面前，一切都会不战而败，这就是乐观的力量。

青少年朋友不应在困难之时感叹人生苦短，要学会用笑脸来迎接困难，用百倍的勇气来应对一时的逆境，相信风雨过后的彩虹更美。乐观与悲观，就像是阳光与阴影，作为朝气蓬勃的青少年，在面对小小挫折和困难时，一定要时常保持乐观的情绪，用乐观代替悲观，会让生活处处充满阳光！也许就因为这一改变，会对你的人生发生直接的影响，而使你生命的篇章重新书写，积极乐观的思想会带来积极的行动和反映，也会使你的生活变得更加丰富多彩。

莫道困苦是羁绊，乐观人生齐并肩，让我们背起乐观的行囊，高歌“长风破浪会有时，直挂云帆济沧海”，用自信、乐观去面对困难，用勇气和智慧去战胜困难，这样风雨激荡过后，一定会迎来一个美丽、多彩的人生！

第二节 克服意识弱点

1. 让自己远离忧虑

每一个人要想应对时代和环境的变化，须随需应变。以变应变，要求我们具有空杯心态。做事的前提是先要有好心态，如果想学到更多学问，提升能力，要把自己想象成“一个空着的杯子”，而不是骄傲自满、故步自封。

空杯就是要把自己“当人看”。人无完人，任何人都有自己的缺陷，都有自己相对较弱的地方。也许你在某个行业已经满腹经纶并十分成功，也许你已经具备了丰富的技能，但是对于新的环境、新的政策、新的对手，你仍然没有任何特别。你需要用空杯的心态去重新整理自己的智慧，去吸收现在的、别人的、正确的、优秀的东西。如果你不去领悟，不去感受，不去学习，仍然高枕无忧地躺在过去成功的经验之上，那将是很可怕的结局。

学习“空杯”

曾子曰：“将三省吾身”。生活中还流行着一句充满智慧的哲言：“认识你自己。”认识自己很重要，认清自己是非常困难的，否定自己更是难上加难。否定自我需要胸襟、需要坦诚、需要胆识，需要真正的空杯心态，只有否定自我才能超越自我。

相传在很远的古代，知了是不会飞的。一天，它看见一只大雁在空中自由自在地飞翔，十分羡慕。它就请大雁教它飞行，大雁高兴地答应了。

学习是一件很辛苦的事。知了怕吃苦，一会儿东张西望，一会儿跑东窜西，学得很不认真。大雁给它讲怎样飞，它听了几句，就不耐烦地说：知了！知了！大雁让它多试着飞一飞，它只飞了几次，就自满地嚷道：知了！知了！秋天到了，大雁要到南方去了。知了很想跟大雁一起展翅高飞，可是它扑腾着翅膀，怎么也飞不高。

这时候，知了望着大雁在万里长空飞翔，十分懊悔自己当初太自满，没有努力练习。可是已经晚了，它只好叹息道：迟了！迟了！

在我们的身边，有多少这样的“知了”，就有多少这样的“迟了”。

空杯心态就是随时对自己拥有的知识和能力进行重整，倒空过时的，给新知识、新能力的进入留出空间，让自己的知识与能力总是最新；永远不自满，永远在学习，永远在进步，永远保持身心的活力。在攀登者的心目中，下一座山峰，才是最有魅力的。攀越的过程，最让人沉醉，因为这个过程，充满了新奇和挑战，空杯心态将使你的人生不断渐入佳境。

昨天正确的东西，今天不见得正确；上一次成功的路径和方法，可能会成为这一次失败的原因。不论组织还是个人，不犯错误都是美好的愿望，犯错误才是客观的现实。受到批评要警惕、警醒，得到赞扬更要警惕、警醒。在鲜花和掌声面前，看到差距；在困难和挫折面前，不失信心。这便是成熟和进步，这便是空杯心态。

“人要有空杯心态，让自己从学徒的心态开始前行”。如果总是守着自己的半桶水，晃呀晃的，就会陷入孤芳自赏、敝帚自珍的封闭境地，就会成为孤陋寡闻、不思进取的井底之蛙。保持空杯心态的唯一的方法就是把杯子里原来的水给倒掉。人的大脑就如同电脑一样，只有不断删除那些过时的知识和经验，我们才能不断接受新的东西。否则，你内存有限的大脑和心灵就会被一些无用的垃圾塞满而死机。

空杯就是经常给自己的心智洗澡。文韬武略的商汤王在他的洗澡

盆上写了九个字："苟日新，日日新，又日新"他在洗澡的时候，外洗身，内洗心，所以他在洗完澡后"身心舒畅。"我们现在洗澡，只洗身，不洗心。在洗澡的时候，还怨这个恨那个。真正的洗澡，应该是外洗身，内洗心，把外在和内在的过时的东西、心灵的杂草、大脑的垃圾等等，通通一洗了之，把身心洗得干干净净，清清爽爽。

做人就像一只杯子，你不停地往杯子里倒水，杯子的容量有限，如果你不把杯子里的水倒出来，水就会溢出来。人的思想就像只杯子，装满了知识和想法，假如你想要学得到更多的东西，就必须先把自已手中的那半杯水倒掉，真心的用一个属于自己的空杯，然后才能够真真正正的学到自己想要的东西。如果你不抛弃旧的观念，就无法接受新的东西，所以，做人要空杯一切。

做个"空杯"

人生在世——幼时认为什么都不懂，大学时以为什么都懂，毕业后才知道什么都不懂，中年又以为什么都懂，到晚年才觉悟一切都不懂。——林语堂

清空杯，一切归零的心态

在实际工作中，我们很多人，一旦在一个岗位上工作了一段时间，就会觉得工作起来非常熟练，无须接受新的学习，总觉得一些领导、管理、营销理论也学得差不多了，业务知识在平时的工作中也在不断地应用，虽然也想着继续学点东西、不断充实自己，但是因为有了老的知识——即"杯子中的浑水"，学进去的东西并不能在实际工作中好好地运用，然后慢慢地变成了"吃老本"。

殊不知，社会每时每刻都在前进，周围的环境在不断变化！如若有了"空杯心态"，大家都把自己完全当成新生，虚心地向周围的同事、同行、客户等学习，改变过去对事物的许多看法，调整好积极学习的心态与思维惯性，全面接受新的知识，我们会进步的更快，也就能更好地适应当前的竞争社会要求了。

“人要有空杯心态和海绵心态，让自己从学徒的心态开始前行”。如果总是守着自己的半桶水，晃呀晃的，有相应的成就感，认为“也不过如此”。这个时候产生的成就感一方面有利于我们增强对学习新事物的信心，但另一方面值得注意的是，与信心的增强一同滋长的还有我们的浮躁心理和骄傲心态。如此一来，求知欲下降了，自傲心理加强了，学习的动力没有了，于是便有了半杯水、半桶水，再也无法融进更多的知识。

成功——是失败之母

解放初期，毛泽东有一次和周谷城谈话，毛泽东说：“失败是成功之母。”周谷城回答说：“成功也是失败之母。”毛泽东思索了一下，说：“你说得好。”

是的，“失败是成功之母”这句话人们耳熟能详，其中的道理也被大多数的人认识和接受，可周谷城却在领袖面前翻出新意，并得到毛泽东同志的肯定，说明成功是失败之母也有很大的道理。失败是成功之母，人们着眼于失败能给人以启迪，在未来的实践中能有的放矢，避免重蹈覆辙，从而迎来成功。

从这个角度上看，经过失败的人更有希望实现成功，失败是成功之母有很大的正确性。可是，当人们取得成功后，志得意满，意气风发，人会放松警惕，放弃进取，一旦被对手乘虚而入，失败转瞬即至。从这个道理上说，难道不是成功孕育了失败，成功为失败之母了吗？

微软公司总裁比尔·盖茨说过：“对于成功的企业和企业家来说，其事业最大的威胁不是来自竞争对手，而是来自于他们自身。”方正（香港）公司董事局主席王选也告诫，警惕成功是失败之母。许多失利者，

并不是被对手挤垮的，而是被自己的成功冲昏头脑，以致败下阵来的。此语非常值得我们深思。人生没有永久辉煌，“月盈则亏，水满则溢”。

成功者首要做到的是头脑清醒，眼光明亮，像曾子一样不断“三省吾身”，从非理性的高处逼降；像唐太宗一样不断“三镜自照”，不断地矫正人生的航标，从新的角度和立场去思考做事和做人；像计算器一样不断“键盘归零”，展开新的程序，去设计、运算最新最美的图画。甩掉成功的包袱，才能获得更大的成功。

当我们在质疑别人的时候，会忘记自己也犯一样的错误，那么我们都坐下来，把心气降下来，把心里的东西倒空，做一个谦卑的人开始学习，开始给心里装新的知识。每当遇到挫折我们开始愤怒，开始抱怨，其实我们该做的是波澜不惊的平稳心态，把心里的结打开，每个人要超越的其实是自己，自己是自己的心魔，从现在开始做一个会聆听的好学生，从现在开始做一个谦卑的人，拥有空杯的心态。

保持一颗“空杯”心，拥有空杯心态的人会表现得谦卑，那么，让我们也试着忘记过去，时常记得“清空”并在杯中注入新鲜干净的“水”。因为，谦虚是人类最伟大的成就，用谦虚来打扮灵魂，我们的心灵更加漂亮，我们的世界也因此充满了阳光！

2. 不要为自己的心上锁

人的一辈子不可能顺风顺水，总要有失利的时候。人生过程也就是得到与失去的过程，如果没有失也就无所谓得。所以，得与失是人生当中很正常的现象。

可是现实生活中，却有很多人不能正视得与失，他们常为一时的得而欣喜若狂，又为短暂的失而黯然心碎。其实大可不必，真正成熟的人是不会计较这些的。要知道，我们每个人最初来到这个世界上的时候，就是一无所有的，随着一天天的长大，我们才慢慢地获得了许多东西，如果因为某种原因我们又失去了它们,那也只不过是回到了从前,又有什么可悲伤的呢？人之所以会悲伤,就是因为把以前的得到看成了理所当然。所以要想活出一个有意义的人生,就不能仅仅习惯于得到,还要习惯于失去。失去本身并没有问题,有问题的只是人的心理。

失手打翻了一瓶牛奶，固然令人心里不是滋味，可是也无需为此哭泣。因为哭泣并不能让牛奶恢复原样，只不过让自己徒增伤心罢了。我们的痛苦并不是来自于失去，而是来自于我们的“不肯放手”。

万事看开，得失随缘

有个人坐在一艘轮船的甲板上看报纸，突然刮起了一阵大风，把他新买的帽子刮到了大海中。令别人惊奇的是，他不慌不忙地用手摸了一下头，又看了看正在飘落的帽子，像是什么事都没有发生似的又接着看起了报纸。有个人很是不解，于是问他：“先生，你的帽子被刮入大海中了!”

“知道了，谢谢!”他仍然低头看报纸。

“可是你那顶帽子值几十美元呢!”

“是的，所以我正在考虑该如何省钱再买一顶呢？帽子丢了我很心疼，可是它再也回不来了，不是吗?”说完又看起了报纸。

的确，失去的已经失去了，何必为之大惊小怪或耿耿于怀呢？人生长路漫漫，总要有失去的时候。既然失去了，就不要再强求，毕竟有些失去是靠人为的力量不能扭转的，比如单位要裁员你不幸被选中，市场的竞争断了你的致富之路，天灾人祸让你损失惨重，诸如此类明知道留也留不住的东西，又何必固执地要去得到呢？失去就有失去的道理，我们只需要用一颗平淡的心来面对，让生命变得豁达和从容。

生活中我们常说一句话：“旧的不去新的不来。”也许此时的你失去了一份凄美的爱情，失去了一次高升的机会，又或许丢失了一笔钱

财……总之，不管是哪一种情况，伤心和难过都是毫无意义的。与其为失去的工作伤心，不如振奋精神去找一份更好的；与其为同恋人分手而痛不欲生，不如花点心思疗养自己的伤口然后寻找新的爱情；与其为丢失的钱财而心疼不已，不如考虑如何让自己的事业越做越好，把失去的损失找回来。要知道，历史不会为任何人停留或改写，既然已经成了事实，最好坦然地接受。

生活中并不是人人都能理智地面对失去，人们之所以对“失去”不能释怀，也许正是验证了那一句话：失去了才知道珍惜。拥有的时候不觉得好，等到失去才猛然发现，原来失去的东西是一件稀世珍宝。于是一直沉浸在回忆里，懊恼不已，更无心进取。而一个真正懂得生活的人，不会去计较一时的得失，他们会在一次次的彷徨失意中重新站起来，不断修养自己的身心。只有这样的人，才能品尝到成功的喜悦，成为生活的强者。

失去的就让它过去，也许有的东西本不属于你，失去了是还给社会一个公道，说不定对自己也是一种解脱。如果太过留恋，也许你将失去的更多。雪花飘飘很美，可是它终究要化为一无所有；百花争宠很美，可是它终究要枯萎凋谢；傍晚的夕阳很美，可是它终究要西下。这些失去是必然的，你能留得住吗？既然人人都无法抗拒，就该顺其自然走下去，又何必为此伤神呢？

失便是得，何必伤神

有一天，一个女子在公园独自哭泣，于是便有个人上前问她：“小姐，你怎么了？为什么哭得这么伤心？”这个女子说道：“我男朋友和我分手了，我真的很难过，想不通到底为什么，我对他那么好，他还是要离开？”不料，这个人听了却哈哈大笑，说：“你真笨！”这下子，这个女子就火了，说：“你这个人怎么这样？我失恋已经很伤

心了，你不安慰我也就算了，反而耻笑我？”这个人回答说：“傻姑娘呀！这根本就用不着难过，真正难过的应该是他！因为你失去的，只不过是一个根本不爱你的人，而他失去的却是一个爱他的人。”

是的，既然已经分手，就不要再做无谓的伤心了。古人云：强扭的瓜不甜！失恋固然让人有一种揪心揪肺的痛苦，但感情毕竟是两个人的事情，一个人如何能强求的来？既然他选择离开肯定有离开的理由，也许他的离开能让你找到属于自己真正的幸福。有时候也许因为你的放弃反而得到了，鱼与熊掌不可兼得，要做出怎样的选择，权利还是掌握在自己的手中。人不能总是生活在过去的阴影中，应该调节好自己的心态，相信梦醒后明天一切都会好的！

除了感情之外,任何事都是这样。时间、空间甚至金钱,我们仅仅是临时占有,到最后终将失去,谁都无法避免。与其对着已经失去了的伤心,不如看看自己还拥有什么,即使这些也终将失去,但毕竟现在我们还可以临时支配。当我们离开这个世界的时候,同样也不会带走什么,关键是你给这个世界留下了什么,而不是你曾经拥有过什么。

有时命运是无法改变的，但是我们可以改变的是自己对生活的态度。生活给予每个人成功的机会是同等的，之所以收获不同，是因为人们的心态不同罢了。有个行人挑着一个扁担，扁担上挂着一个茶壶，突然茶壶坠在地上碎了，可是他头也不回地继续朝前走。路人见了忙喊他：“喂！你的茶壶掉在地上了！”谁知这个人淡淡地回答说：“我知道，既然已经碎了，回头看又有何用？”

茶壶虽小，可是却显示出了一个人高贵的心态，对于过去的事情我们只能缅怀和追忆，再多的伤感都是无济于事的。如果你一味地浪费时间去为无法改变的事实担忧，不但可能毁了自己的生活，甚至会毁掉自己的精神。人生就是一段不停地得到和失去的过程，只要自己已经尽过最大的努力，即使在奋斗的过程中有失去也没有什么可遗憾

的，自己问心无愧就好。

人生大部分的时间都在空虚和无聊中度过，不管得到多少或失去多少，我们都要记住：上帝给你关上一扇窗时，会给你打开一扇门。不论什么时候，总有一条路通向光明，但如果我们过于伤心就会错过机会。所以，永远不要为已经失去的东西伤心，因为上天会送给你一个新礼物。如果自己先迷失了，又如何找到上帝为你开的那扇门呢？

因此，失去并不见得是坏事。种子虽然失去了，却换来了新芽的破土而出；花儿虽然凋谢了，却换来了枝头的硕果累累；失去了一朵玫瑰，也许在你前方就会一片玫瑰林。所以说，失去便是得到，我们焉能不为当初的失去而感到欣欣然？继续向前走，朝前看，前边另有一路风景一路歌！

3. 原谅生活的不完美

英国作家萨克雷说过:“生活就是一面镜子,你笑,它也笑;你哭他也哭。”送人玫瑰,手有余香。无论生活还是生命,都需要感恩。你感恩圣火,圣火将赐予你灿烂阳光。你怨天尤人,最终可能一无所有。

原谅生活中的不完美，就应常怀感恩之心，就是对世间所有人所有事物给予自己的帮助表示感激，并铭记在心。只要我们常怀感恩之心，相信你会有所收获。

懂得感恩，内心充实

“谁言寸草心，报得三春晖”。父母给了我们生命，我们对父母要常怀感恩之心。是他们让我们来到了这个充满色彩的世界，让我们看到了世界的真善美。从早上起来的一碗热腾腾的牛奶，到一年四季被子床单的换洗，我们应该心存感激，应该感谢上天给了自己那么好的父母，感谢父母给了自己健康的身体和一个完整的家。

老师给了我们知识，我们对老师要常怀感恩之心。是老师帮我们开启了知识的大门，是老师让我们懂得了在生活中如何对于别人的帮助去说一声“谢谢”，是老师让我们明白了受到别人的恩惠，当涌泉相报，是老师从青丝到白头在三尺讲台上教书育人，他们最大的心愿就是学生个个有出息。学生能常怀感恩之心就有用不尽的学习动力。

朋友给了我们友谊，我们对朋友要常怀感恩之心。朋友能与你患难与共，在你最困难的时候，朋友能千方百计帮你，给你“打气”，给你信心，助你跨过学习上各种各样的障碍物。让你刻骨铭心地觉得，朋友的情谊终生难忘。

只有知道了感恩，内心才会更充实，头脑才会更理智，眼界才会更开阔，人生才会赢得更多的幸福。懂得感恩的人，是勤奋而有良知的人，懂得感恩的人，是聪明而有作为的人。

有这样一个有趣的故事：有一次，罗斯福总统家被盗，丢了不少东西，朋友们纷纷写信安慰他，罗斯福却说：“我得感谢上帝，因为贼偷去的是我的东西，而没有伤害我的生命；贼只偷去我的部分东西，而不是全部；最值得庆幸的是，做贼的是他而不是我。”谁会想到，一件不幸的事，罗斯福却找到了三条感恩的理由。这个故事，可以说将感恩的美丽展示得淋漓尽致了。

感恩是积极向上的思考和谦卑的态度，它是自发性的行为。当一个人懂得感恩时，便会将感恩化做一种充满爱意的行动，实践于生活中。一颗感恩的心，就是一个和平的种子，因为感恩不是简单的报恩，它是一种责任、自立、自尊和追求一种阳光人生的精神境界！感恩是一种处世哲学，感恩是一种生活智慧，感恩更是学会做人，成就阳光人生的支点。从成长的角度来看，心理学家们普遍认同这样一个规律：心的改变，态度就跟着改变；态度的改变，习惯就跟着改变；习惯的改变，性格就跟着改变；性格的改变，人生就跟着改变，愿感恩的心改变我们的态度，愿诚恳的态度带动我们的习惯，愿良好的习惯升华我们的性格，愿健康的性格收获我们美丽的人生！

一对夫妻很幸运地订到了火车票，上车后却发现有一位女士坐在他们的位子上。先生示意太太坐在她旁边的位子上，却没有请那女士让位。太太坐定后仔细一看，发现那位女士右脚有点不方便，才了解先生为何不请她起来，他就这样从嘉义一直站到台北。

下了车之后，心疼先生的太太就说："让位是善行，可是起点到终点那么久的时间，中途大可请她把位子还给你，换你坐一下。"

先生却说："人家不方便一辈子，我们就不方便这三小时而已。"太太听了相当感动，觉得世界都变得温柔了许多。

"人家不方便一辈子，我们就不方便这三小时而已。"多浩荡大气、慈悲善美的一句话。它能将善念传导给别人，影响周遭的环境氛围，让世界变得善美、圆满。

"善良"，多么单纯有力的一个词汇，它浅显易懂，它与人终生相伴，但愿我们能常追问它、善用它，因为老祖宗早就叮嘱过"善为至宝"，一生用之不尽啊。

有一位单身女子刚搬了家，她发现隔壁住了一户穷人家，一个寡妇与两个小孩子。有天晚上，忽然停了电，那位女子只好自己点起了蜡烛。没一会儿，忽然听到有人敲门。

原来是隔壁邻居的小孩子，只见他紧张地问："阿姨，请问你家有蜡烛吗？"女子心想：他们家竟穷到连蜡烛都没有吗？千万别借他们，免得被他们依赖了！

于是，对孩子吼了一声说："没有！"正当她准备关上门时，那穷小孩展开关爱的笑容说："我就知道你家一定没有！"说完，竟从怀里拿出两根蜡烛，说："妈妈和我怕你一个人住又没有蜡烛，所以我带两根来送你。"

常怀感恩之心，是很重要。这会减少一些抱怨牢骚、烦恼仇恨，心胸就会宽广和舒畅起来；常怀感恩之心，这是一种美好的情感，是生活幸福的催化剂，是事业成功的原动力，是一个人走向高贵，还原纯真的净化器。

常怀感恩之心，让生命更精彩

常怀感恩之心，是人类情感中至真至纯的芬芳美酒；常怀感恩之心，无论你贫穷还是富有，无论你顺境还是逆境，无论你成功还是失败；常怀感恩之心，在你闪烁着感激的泪光中，花儿般灿烂怒放的将是一个春光荡漾的美妙世界！

当你口渴时，爸爸给你递上一杯水，你是否感谢过他呢，当你烦恼时，向妈妈倾诉自己的苦恼，妈妈耐心的听完并教导你，你又是否感激过她呢？常怀着感恩的心，能够更加接收到的关怀与帮助，摆脱贫苦和痛苦，从而快乐的生活。一位作家曾说过：我们满怀感恩之情，不仅仅是索取，而且，必须给予，用给予来表达我们的感激之情，是的，大自然是不断循环和流畅的，你给予的越多，你获得的越多，不是吗？只要你付出了，就就会有收获，给予收获的规律就这么简单：想要获得快乐，你就必须给予快乐；想要获得爱，你就必须给予爱；想要获取财富，你就必须给予财富。

不要总记着生活给你开的某个玩笑，不要总想着这个社会如何待你刻薄。如果你总觉得不满足、亏得慌，心怀怨恨不满，你就会愈加变得小肚鸡肠、牢骚满腹，你就会对生活失去信心，还会失去健康，以致孤苦伶仃，憔悴不堪，那么快乐和幸福只有永远与你行进在不同的平行线上。

只要我们常怀感恩之心，人生没有什么不幸会永恒得让人永久地淹没在痛苦的海洋里。世间的纷争，生活的烦恼，永远也不会屏蔽我们心中发出的淡泊而宁静的妙音。

亲爱的朋友，常怀一颗感恩之心，让宽容与你我同行，我们应该乐观地对待生命，宽容的善待一切。对于你周围的朋友、同学，说声谢谢，会让他们感到快乐；对你熟的人说声谢谢，他们会有种付出得到肯定的满足；对陌生人说声谢谢，会拉近彼此之间的距离。“命运”，不足以阻挡你的前程，只要你能正视困难，化困难为力量，成功后蓦然回首，你就会感谢困难，感谢困苦，感谢贫穷！因为它们才是你的恩人。常怀感恩之心，能让自己的心情更加舒畅。常怀感恩之心，能让我们摆脱贫穷与痛苦。常怀感恩之心，你就会发现，原来一切都是那么美好。

4. 让失去变为可爱

放弃是一种坦荡的心境和大度的气概。生命里有很多事情都是不尽如人意，所以我们在很多时候要去放弃。当我们在蹒跚走路时如果没有放弃爬行，没有放弃大人的手说不定还不会走路；当我们受到表彰时也要放弃我们的骄傲，否则就没有下次的成功；当我们受到挫折时也要去放弃攀比，否则就会活在阴影之中。所以，放弃也是一种美丽，虽然放弃是伤感的，痛苦的，但放弃，是让你告别“心苦”的处方。

放弃也是一种快乐

在我们的生活中，有时候我们要放弃自己不舍得放弃的感情，有时候我们要放弃一些我们不想放弃的事情，不想放弃的东西，如果不放弃，就可能什么都得到，所以为了得到更多，就要学会理智的放弃。生活有时会逼迫你，不得不交出权力，不得不放走机遇，甚至不得不抛下爱情。这时就会生出一种伤感，然而这种伤感并不妨碍自己去重

新开始，在新的时空内将音乐重听一遍，将故事再说一遍！因为这是一种自然的告别与放弃，它富有超脱精神，因而伤感得美丽！

其实人生很多时候需要自觉的放弃！世间有太多美好的事物，对没有拥有的美好，我们一直在苦苦的向往与追求。为此我们每天都是忙忙碌碌，身边的美景视而不见，可贵的亲情无暇顾及，甚至一个完全放松的心情，一段无梦的香甜睡眠，可能对许多人都成了一种奢望。其实，没有谁真的会有那么忙，缺少的只是放弃的勇气和智慧。我们对生活的要求太多，衣食住行玩乐，样样都不甘落后，一件一件地负在肩上，坠在心头，最后反倒体味不到生活的原味了。我们总以为自己是在急匆匆地奔向令人快乐的人生目标，由此而疲惫不堪，心力交瘁。其实，我们只要放弃一些东西，放慢一下脚步，就能感受到自然的美好与生活的香甜。

“不以物喜，不以己悲”，“宠辱不惊看庭前花开花落，去留无意望窗外云卷云舒”，这种境界是我们每一个都很不容易达到的，我们只有学会放弃才有可能达到这种境界，记得有一个故事：一只老鼠喜欢上了一只猫，便拿了一朵玫瑰向猫表白，老鼠双手送上玫瑰说“我爱你”，猫说“你走开”，老鼠流着泪伤心的离开，可当老鼠走后，猫也偷偷地流下眼泪，其实世界上有一种爱叫做放弃，有时放弃比坚持好的多，有好多时候放弃是快乐的，坚持却是痛苦的，可往往大部分人却不会放弃，终究生活在痛苦的世界中。如果把“官瘾”、“钱途”看得透、想得开、拿得起、放得下，这虽然是一个很痛苦的过程，但是我们的心理压力就会得到化解，这不也是一种快乐。

放弃是美丽的

放弃，并不意味着失去，因为只有放弃才会有另一种获得。要想采一束清新的山花，就得放弃城市的舒适；要想做一名登山健儿，就

得放弃娇嫩白净的肤色；要想穿越沙漠，就得放弃咖啡和可乐；要想有永远的掌声，就得放弃眼前的虚荣。就因为季节放弃了寒冬才迎来了飞花飘香的春天，也是季节放弃了美丽的春天和火热的夏天才有丰收的秋季；梅、菊放弃安逸和舒适，才能得到笑傲霜雪的艳丽；大地放弃绚丽斑斓的黄昏，才会迎来旭日东升的曙光；船舶放弃安全的港湾，才能在深海中收获满船鱼虾。放弃并不一定是失去，放弃也并不只有痛苦，也并不都是伤感，今天的放弃，是为了明天的得到。干大事业者不会计较一时的得失，他们知道放弃，如何放弃，放弃些什么。

放弃是美丽的，对于一般人而言，达到这种境界似乎很难，现实中要放弃你的至爱的确很难，难到心会痛，难到会滴血……但背着包袱走路会更辛苦！选择适合的时机有所放弃，是获得快乐的最好方法。失去不一定要忧伤，反而会成为一种美丽；失去不一定是损失，反倒是一种奉献。只要我们抱着积极乐观的心态，失去也会变得可爱。

一个老人在上火车的时候，不小心把刚买的新鞋弄掉了一只，周围的人都为他惋惜。但是，让很多人意料不到的是那老人立即把第二只鞋从窗口扔了出去，没有人可以理解他的这种行为。但是老人微笑着解释道："这一只鞋无论多么昂贵，对我来说也没有用了，如果有谁捡到一双鞋，说不定还能穿呢！"

有时我们在面对一些事，一些东西的时候与其抱残守缺，不如断然放弃。我们都有过某种重要的东西失去的事，且大都在心理上投下了阴影。究其原因，就是我们并没有调整心态去面对失去，没有从心理上承认失去，总是沉湎于已经不存在的东西。事实上，与其为失去的而懊恼，不如正视现实，换一个角度想问题：也许你失去的，正是他人应该得到的。这样我们就会在为失去的东西感到伤心难过的同时，也得到一种解脱，得到一种心灵的快乐。

真正的快乐，是一种精神上的愉悦感受，如同幸福。它不是靠金

钱和自己所拥有多少东西来衡量的。当今社会上有些富商，老板，终日纸醉金迷，挥金如土，浑浑噩噩，他们开着名车，住着豪宅，但是他们并不快乐。而有些名人，甚至是普通工薪阶层的人，自己省吃俭用，朴素无华，却用心致力于慈善事业，资助那些极需要帮助的人，他们虽然自己享受不多，但内心却非常充实，快乐。

放弃，是让我们正确的审视自己。放弃，是我们人生旅程的一种超越。放弃，也是一种胸怀，更是一种升华。放弃是一种睿智，它可以放飞心灵，可以还原本性，使你真实地享受人生；放弃是一种选择，没有明智的放弃就没选择的余地。

为了获得，我们忙忙碌碌。舍不得放弃的心绪，像一棵寂寞的芦苇，独立在夜风中守望，把自己幻成一季秋色，在烟黄的旧页中只能握住一把苍凉……但是，并不是所有的探索都能发现鲜为人知的奥秘，并不是所有的跋涉都能抵达胜利的彼岸，并不是每一滴汗水都会有收获，并不是每一个故事都会有美丽的结局。因此，我们应该学会放弃，明白这点，也许你就会在失败、迷茫、愁闷、面临“心苦”时，找到平衡点，找回自己的人生坐标，虽然很伤感，但是很美丽。

5. 逃出焦虑的泥潭

现代社会到处充斥着竞争，“焦虑”这个字眼频繁走入了人们的日常生活，如“考试焦虑”、“生存焦虑”、“社交恐怖症”等。

日常生活中，焦虑在每个人身上都有可能发生，这是人们对于可能造成心理冲突或挫折的某种特殊事物或情境产生反应时的一种状态，同时带有某种不愉快的情绪体验。这些事物或情境包括一些即将来临的可能造成危险或灾难、或需付出特殊努力加以应付的东西。如果对此无法预计其结果，不能采取有效措施加以防止或予以解决，这时心理的紧张和期待就会促发焦虑反应。如果个体经常而过度的处于焦虑

状态下，就会造成神经症性的焦虑症。

青少年正处于身心迅速发展时期，随着第二性征的出现，青少年对自己在体态、生理和心理等方面的变化，会产生一种神秘感，甚至不知所措。诸如女孩由于乳房发育而不敢挺胸、月经初潮而紧张不安；男孩出现性冲动、遗精、手淫后的追悔自责等，这些都将对青少年的心理、情绪及行为带来很大影响。而且青少年往往会由于好奇和不理解而导致恐惧、紧张、羞涩、孤独、自卑和烦恼，还可能伴有头晕头痛、失眠多梦、眩晕乏力、口干厌食、心慌气促、神经过敏、情绪不稳、体重下降和焦虑不安等症状。由于自身生理心理失衡引起的情绪困扰和不安，以及各种环境刺激因素导致的精神压力和负担都有可能引发各种异常心态和行为，特别是焦虑心态和焦虑行为。

你有这些焦虑吗？

焦虑是由于过分紧张引起的一种心理状态，在不同条件的刺激下，青少年学生会产生各种不同的焦虑。具体表现：第一，学习焦虑。即由学习活动引起的焦虑。有关调查表明，“学习和考试焦虑”是青少年的心理健康方面存在的主要问题。第二，生理焦虑。即因自身生理发展不适应而引起的焦虑。如对“月经”、“遗精”、“手淫”及其他第二性征出现而产生恐惧、悔恨、羞耻感、罪恶感等。第三，心理发展焦虑。即由于自我意识迅速发展，“成人感”增强，却未获得他人应有的承认或尊重，对社会地位欲求不满而产生的焦虑。第四，生活焦虑。即由于不能适应生活环境和条件的变化而引起的焦虑。如有的赴外求学不适应当地居住环境、饮食条件、生活习惯等；有的缺乏独立生活和适应社会的能力等。第五，人际关系焦虑。即因无法适应各种人际关系而引起的焦虑。

以上不同的五种焦虑表现，如果它的存在是短暂的、轻度的，则不会对青少年的身心健康产生较大影响，但如果是持续的、较大强度的，则会损害青少年健康的人格形成与发展，造成不良后果。

那么，是什么原因促成了青少年的精神焦虑呢？

1. 家庭的压力

现代社会竞争激烈，家长都希望自己的孩子能够成为有用的人，“望子成龙，望女成凤”是合乎情理的，家长期望孩子能有较高的社会地位和收入，能“出人头地”，因此形成了过高的期望值。他们宁肯自己省吃俭用，也要尽力满足孩子的物质欲求，与此同时，不少父母并未把自己与子女的关系放在平等的位置来看待，习惯于选择一种居高临下的姿态来命令子女，俨然将之当作自己的私有财产。凭着一厢所愿的“为了孩子好”的心理，很少顾忌孩子的内心感受。尤其对于孩子学习成绩的要求，易于表现出几近苛刻的态度。孩子的课余时间不仅被家长安排得满满当当，而且一旦孩子考试成绩稍不理想，即遭致家长“疾风暴雨”或“凄风冷雨”式的回应。这种过分的功利性教育必然会造成孩子的情绪高度紧张、焦虑。

2. 过重的学习负担

青少年学习负担过重也是导致焦虑产生的重要原因之一，突出表现在：学习要求过高、作业量太大、考试太频繁。这就形成一部分人因为无法完成学习任务而形成学习负担。学校为了转变这些“学习差生”，提高他们的学习成绩，就不断地加大学习量，作业越来越多，使学习成绩不理想的学生整天陷在作业堆里。频繁的练习和考试不仅使学生产生厌烦心理，而且逐步产生了恐惧心理，每天放学时学生怕老师布置作业，早上到校怕老师检查作业，学生见到作业和考试会感到恐惧不安，心理极度紧张。

3. 不良人际关系

不良的社会关系常使人感到飘零、失落、不被重视、失去爱，恐

惧受人排拒、恐惧屈辱等，这些不良情绪会导致焦虑的产生。

当青少年产生焦虑心理时，往往会对生活产生消极态度。因此，应对焦虑是当今青少年应重视的问题。

调适自己的焦虑心理

焦虑并不可怕，只要对自己有正确的认识，学会自我调节的方法，就会避免、减轻和消除焦虑的情况。现介绍几种自我调试方法。

1. 树立自信心

自信是治疗焦虑的一个重要手段。当青少年产生焦虑心理时，应暗示自己树立自信，正确认识自己，相信自己有处理突发事件和完成各种工作的能力。通过暗示，青少年每多一点自信，焦虑程度就会降低一些，同时又反过来使自己变得更自信，这个良性循环将帮助青少年逃出焦虑的泥潭。

2. 找人倾谈

每个人总会有一些难于解决的问题和烦恼，若不能适当地处理这些问题和烦恼，焦虑就会出现并累积。基于自尊，很多青少年会羞于向别人提及自己的问题和烦恼。其实找人倾谈也有很多好处。由于每人各有专长，你认为难于处理的事，在他人眼中可能十分轻易。再说，你将心中的烦恼向别人倾谈后，不愉快的情绪亦会随之宣泄，压力和焦虑也会因此而得到舒缓。

3. 放松意念

经常进行放松训练，可以消除紧张心态，有助于克服焦虑。意念放松的做法是：静下心来，排除杂念，闭上眼睛，调整呼吸。可以通过默默地数数、想象蓝蓝的天空等帮助集中注意力，使自己心静神宁，达到消除紧张、放松心态的效果。

青春期焦虑症会严重危害青少年的身心健康，长期处于焦虑状态，还会诱发神经衰弱症，因此，必须及时予以合理治疗，使其及早地走出困境。

请记住，相信自己，战胜自己，焦虑不再有！

6. 灾难是上帝的恩赐

一直以来，人们欣赏无所畏惧的英雄，歌颂征战沙场的勇士。面对灾难，有些人是坦然面对、倍加珍惜，把灾难视为人生路上不懈动力。勇敢的接受上帝的微笑，因为是成功路上上帝给我们的恩赐。灾难是人生旅途上一座七彩桥，无论有多少沟沟坎坎，有了这座桥，你便可以顺利的跨越，步入理想的自由王国，实现人生的价值和辉煌。

对于青少年来说，能够正确面对灾难就显得尤为重要。灾难也是人生旅途上的一块巨石，利用它，你可在砥砺精神的刀锋，开掘生命的金矿，从自信、乐观、勇敢、诚实、坚韧之中找到人生的方向。

灾难越勇，找到生命支点

人生中遇到灾难就像大自然中的刮风下雨，谁都无法避免。有的人，被风雨击倒了，被灾难征服了，被困难吓倒了，他的人生从此就变得灰暗了。而有的人，接受了风雨的洗礼，经历了灾难的磨炼，战败了困难的挑战，他的人生从此便一片光明。

世界上最伟大的音乐家——贝多芬一生创作出大量流传千古的交响乐，一直被后人称为“交响乐之王”。但贝多芬的一生充满了痛苦：父亲的酗酒和母亲的早逝，使他从小失去了童年的幸福。当别人家的孩子还在无忧无虑地享受欢乐和爱抚的时候，他却必须得像大人一样承担起整个家庭的重任，并且成功地维持了这个差点陷入破灭的家庭。

也许是屋漏偏逢连夜雨，也许是祸不单行的缘故。正处于青春年华的贝多芬，他失意孤独；也正当他步入创造力鼎盛的中年时，他又

患耳疾，双耳失聪。对于一个音乐家来说，还有比突然耳聋的打击更沉重的吗？贝多芬一生中几次濒于崩溃的境地，他在三十二岁时就写下了令人心碎的遗嘱。但他顽强地战胜了命运的打击，他大声呼喊："我要扼住命运的咽喉，它决不能把我完全摧倒。"即便是在困难重重最痛苦的时候，他还是凭着自己的坚强斗志完成了清明恬静但又激昂奋斗的《第二交响曲》。

贝多芬一生历经无数挫折磨难，但是，每一次痛苦和哀伤在经过他的搏击和战斗后，都化为欢乐的音符，谱写成壮丽的乐章。一个饱经沧桑和不幸的人，却终生讴歌欢乐，鼓舞人们勇敢向上，这是何等超人的勇气，何等坚毅的精神，何等伟大的人格！在贝多芬的日记里，永远记着一句话，那就是："谁想收获欢乐，那就得播种眼泪。"的确，贝多芬的一生，本身就是一部同世界、同命运、同自己的灵魂进行不懈斗争的雄浑宏伟的交响曲。

其实贝多芬的故事无不在向我们说着这样一个道理：这个世界，确实存在太多问题，也许有太多不如意，但是生活还是要继续。无论面临什么样的灾难，都可以看作是上帝给予的恩赐，目的是要锻炼自己。古人云：天将降大任于斯人也，必先苦其心志。心里充满阳光，世界也会充满阳光。也就是说每个人的一生中都会有困难和挫折，唯有抱着积极的态度，才能战胜它。

在遭遇挫折、面对困难，尤其是青少年，没有必要停滞不前、意志消沉。如同一个突遇风雨的登山者，对于风雨，逃避它，你只有被卷入洪流；迎向它，你却能获得生存。经历过挫折，生命也就会平添了一份色彩，多一份磨炼，就多一段乐章。多一份精神食粮和财富。历经灾难的人，更知道怎样去珍惜生活，更明白生活蕴含的哲理。因为灾难是一道迷人的风景，永远装点奋发的人生。

每个人在生活当中，都会不可避免地遇到一些挫折困难。对此，

作为青少年绝不能低头，而应以一种积极的心态，理智、客观地分析挫折产生的原因，并采取恰当的方法来克服挫折。感谢灾难，生活因此而丰富，人生的体验依次而深刻，生命也因此而更趋于完美。不经历风雨怎么见彩虹。其实没有人能够随随便便成功，只要我们以积极健康的心态去面对困难和挫折，就可以做到“不在失败中倒下，而在灾难中奋起”。没有登不上的山峰，也没有趟不过去的河流。”

灾难是人生的财富

逆境与顺境，从来就是人生之旅中的常客，谁也不可能一帆风顺的走到生命的尽头。害怕失败，失败就会无处不在；挑战逆境，成功之门就会随时为你打开。没有经历苦难的考验，人永远品味不出幸福生活的意义；只有经过灾难的锤炼，人才会珍惜得到的收获。所以勇敢者才能在不断的失败中获得经验，挑战者才能最终走出阴影和黑暗，拥抱光明的未来。

灾难是指个体需要的满足受到限制或阻断而引发的一种消极心理状态，即俗话所说的“碰钉子”。一般而言，易受挫折的青少年往往表现出以下特点：追求的目标不切实际，对追求目标过程中可能遇到的困难缺乏心理准备，缺乏应对困难的能力，夸大困难、缺乏自信等。

几年前，一个农村家庭的他遭受重大变故：父亲突发间歇性精神病，饱受伤痛的母亲不辞而别，家中还有一个年幼的弟弟和父亲病后捡到的遗弃女婴需要照顾……这个家庭的重担压在当时只有 *12* 岁的长子洪战辉身上。十年如一日，洪战辉一边读书一边克服难以想象的困难，照看时常发病的父亲，抚养捡到的妹妹……

面对这样的变故，他承受了常人难以承受的痛苦，受住了常人难以想象的重担。父亲、妹妹生活的重担压在他稚嫩的肩膀上，唯一能做的只是坚持，再坚持！在日记中，他这样写道：“我会坚持，我觉

得每个人都有责任，不但对自己、对家庭，还有对社会。只是默默地走，不愿放弃。”一份责任让他支撑住，一种永不言弃的心态，让他逐渐成熟，几度面临辍学，他没有放弃，而是凭着自己的一双手，艰难的照料着妹妹的生活、和病中的父亲，自己的学业，这看似没有可能的事情被他在汗与血与泪中见证着。

洪占辉曾说过：“漫漫人生路总会与挫折碰面，但我明白，鱼儿要游弋于大海，接受惊涛骇浪的洗礼，才会有鱼跃龙门的美丽传说；雄鹰要翱翔于蓝天，接受风刀雪剑的磨砺，才能拥有叱咤风云的豪迈。”

如此艰难的生活让他学会了自立、自强，以至于在人们向他伸出援助之手时，他选择了拒绝，“不接受捐款，是因为我觉得一个人自立、自强才是最重要的！苦难和痛苦的经历并不是我接受一切捐助的资本。一个人通过自己的奋斗改变自己劣势的现状才是最重要的。”他是这么说的，也是这么做的，虽然在最最困难的时候想过退缩，但最终还是决定了要自强不息，用自己的力量来证明自己的价值。因为他明白只有经过地狱的炼造，才能造出天堂的美好。只有流血的手指，才能弹出世间的绝唱。所以说挫折是上帝的恩赐。洪占辉很好地向我们证明了这一切。

“自古雄才多磨难”，面对灾难，青少年应当拿出勇气和耐心，并对自己说：“风雨中这点痛算什么”，主动出击，迎接挑战，直面灾难，笑对灾难，把灾难当作前进中的踏脚石。然后拥抱胜利。因为灾难是福，注定在我们的岁月中搏击风浪、经历考验奠定更加坚固的基础，谱写出美好的人生之歌。

一个人应该知道自己能够做什么，应该做什么，必须做什么，更应该知道不应该做什么，不要做什么。因而，保持清醒的头脑远比聪明的脑袋更为重要。一个人如果能在坚持与放弃间保持一份清醒，那么成功就在前方的不远处等待着你，微笑着向你招手……

灾难不仅是财富，而且灾难是上帝给我们的恩赐，所以灾难并不可怕，可怕的是没有正视它。因为它就像一面镜子，你的态度如何，决定了人生的结果如何。灾难会让懦弱者更加懦弱，却让坚强者更加坚强；让自卑者彻底丧失斗志，却让自信者激发挑战的勇气。其实，只要我们勇敢面对，你会发现，生活永远向你微笑！

7. 做一个积极乐观的人

曾有一个老太太有两个女儿，一个嫁给了卖伞的，另一个嫁给了染布的，为此老太太每天闷闷不乐、提心吊胆。因为在天晴的时候她会担心伞卖不出去，而下雨的时候她又发愁无法把染的布晾干。当她的邻居知道了她的忧愁后和她说："看你多有福气，下雨的时候你大女儿的伞卖得多，而天晴的时候二女儿则可以把染的布晾干！"老太太听完，觉得非常有道理，从此天天笑逐颜开。是啊，不同的想法可以换来不同的情绪。而前一种人我们称之为悲观，后一种我们则称之为乐观。

乐观积极点亮人生

积极乐观的就人像太阳，照到哪里，哪里亮。走到哪里，哪里就会很温暖，无论走到哪里都给别人带来希望、带来快乐！生活不是没有阳光，是因为你总低着头；不是没有绿洲，是因为你心中一片沙漠。永远的积极心态，就会拥有永恒的快乐！所以我们每一个人应该用一个积极乐观的心态去面对生活中的每一件事，并且要勇于挑战自我。健康是每一个人的梦想，对于我们来说健康的定义就是："用一个积极乐观的心态去面对生活中的每一件事并且要勇于挑战自我。"青少年从小就应该培养这种乐观积极的心态，因为这对青少年成长是很重要的。

有一天某个农夫的一头驴子，不小心掉进一口枯井时，农夫绞尽脑汁想办法救出驴子，但几个小时过去了，驴子还在井里痛苦地哀嚎着。最后，这位农夫决定放弃，他想这头驴子年纪大不中用了，不值得大费周章去把它救出来，不过无论如何，这口井还是得填起来。于是农夫便请来左邻右舍帮忙一起将井中的驴子埋了，以免除它的痛苦。农夫的邻居们人手一把铲子，开始将泥土铲进枯井中，当这头驴子了解到自己的处境时，刚开始哭得很凄惨。但出人意料的是，一会儿之后这头驴子就安静下来了。农夫好奇地探头往井底一看，出现在眼前的景象令他大吃一惊：当铲进井里的泥土落在驴子的背部时，驴子的反应令人称奇——它将泥土抖落在一旁，然后站到铲进的泥土堆上面！就这样，驴子将大家铲倒在它身上的泥土全部抖落在井底，然后再站上去。很快地，这只驴子便得意地上升到井口。然后在众人惊讶的表情中快步地跑开了！

从这个故事中，我们可以看出，在人的一生中，就会发生像驴子的情况，在生命的旅程中，有时候我们难免会陷入“枯井”里，会被各式各样的“泥沙”倾倒在我们身上，而想要从这些“枯井”脱困的秘诀就是：将身上的“泥沙”抖落掉，然后站到上面去。所以我们更应该像驴子那样保持积极乐观的心态，因为生活本来就充满了风险和挑战，所以对于青少年来说必须明白，不是每件事情都会有好的结果，痛苦、失败在所难免，你没有必要认为自己总会痛苦、失败，因为你大部分时候，好的方面会比坏的方面多。所以当你用积极的心态去面对的时候，你会发现，会有另外一种情况展现在自己的面前。

那头驴在面对枯井，就是因为它在困境、挫折面前转变了观念，用积极乐观的心态面对它，从而平静下来，并采取了自救的方法。设想，如果驴子不转变观念，只哀鸣求助或者一味地抱怨，最后只能是

坐以待毙。因此我们在困难面前，以乐观的心态去分析问题，才是最明智的选择。所以青少年更应该向驴子学习，一头驴尚能如此积极乐观，何况我们是一个完完整整的人呢！

俗语说得好："世界向微笑的人敞开"，"巴掌不打笑面人"。任何人都不会拒绝快乐，而乐观是快乐的根本。乐观的人收获的是果实，留下的是财富；悲观的人收获的是空白，留下的是痛苦。

对于青少年来说，世界上有千千万万的人和事物，每个人与每种事物或许都有美与丑两个方面，用积极的心态更多地注重人和事物的美好一面可能会感到幸福，而用过分苛刻的眼光只注意人和事物丑的一面自然会感到不幸。让我们换一种观点、换一种眼光、换一种心态看待现实中不完美的人和事物吧，做一个拥有积极心态乐观向上的人，这样就会少一些抱怨、少一些痛苦，多几分洒脱、多几分幸福……

积极乐观成就人生

当你放迪斯科乐曲的时候，身边的人会随你跳舞；当你放哀乐的时候，身边的人只会随你流泪。我们作为个体的人，可以是团火，去点燃身边的柴；也会是块冰，能冷却身边的碳。正如大海可以成为人们的丰富宝藏，也可以成为人们的葬身之处；丛林可以是土族人的乐园，也可以是陌生人的坟墓。是财富还是陷阱，全由我们每个人的心态决定。

不管别人怎么说，每件事都只看它的光明面。要有信心，不管是对你、对其他人，或者是整个世界，任何事都会好转的。不要让这个信念动摇，把你坚定不移的信心表现出来。如果别人说你实在是过度乐观，告诉他们，要过度乐观是不可能的，每一个经验——即使是最不愉快的一个——也带有一些满足的种子。

青少年正处于人生的成长阶段，这种积极心态的培养就很重要，

对于青少年来说，这是迈向成功的基石。一位外国大提琴家的童年故事就是一个非常好的例证。有一天，他拖着比自己身体还高的大提琴，在走廊里迈着轻快的步伐，心情显然好极了。一位长者问到："孩子，你这么高兴，是不是刚拉完大提琴？"他的脚步并没有停下，"不，我正要去拉。"这个7岁的孩子懂得一个许多大人不懂的道理：音乐是一种愉快的享受，而不是我们不得不做的、必须忍受的工作。后来他就成为了一个非常著名的大提琴家。

所以不论何时何地，作为青少年，我们应该端正自己对生活、工作与学习的态度，凡事采取积极的思维，积极的语言，积极的行动。哪怕是一瞬积极的微笑，一个积极的手势，或者一次积极的暗示，都会有助于我们形成积极乐观的心态。我们应该学会热情地生活，愉快地工作，轻松地学习，以乐观旷达的胸怀，真诚地为他人服务，为他人送去幸福。因为当我们把幸福带给他人的时候，幸福也就悄然降临我们的身边。

爱迪生是我们每个人心目中伟大的人，而大发明家爱迪生在做实验的时候，工厂曾经失火，他近百万美元的设备化为乌有。六十七岁的爱迪生闻讯赶到火灾现场，员工们认为面对废墟一片，他一定会暴怒至极。但爱迪生的表现非常镇静，甚至还笑着说："这场大火烧得好哇，我们所有的错误都烧光了，现在可以重新开始了。"他的话说明了一个道理：一件事情的好坏，取决于当事人对它的态度。意志坚强的乐观者面对诸多问题，总是抱着仍有可为的态度，遭遇变故会变得更加坚强。正如爱迪生的一句名言："我的成功乃是从一路失败中取得的。"

是的，事物永远是阴阳同存，好坏并进；事物发展的轨迹总是波浪前进，螺旋上升。对于生活中的阴暗面，青少年是生长在七八点钟的太阳，如果我们没有能力抑制、消灭时，我们还是不看为好，何必

让那些苍蝇臭虫一样的人或事弄得自己恶心与不愉快呢？昨天他会成为过去完成式，而我们青少年也正在努力的去改变。

在现实生活中，我们要学会不断调节自己的视角，不要老是让自己觉得失败；不要由于没有成功就责备这个世界不够完美。其实，我们更应该像爱迪生那样，成功是从失败中走过来的，保持一个积极乐观的心态比什么都重要，因为这才是正确的人生观。

青少年，如果你觉得悲观情绪左右着你的判断，你开始觉得对未来失去信心的时候，不要忘了提醒自己时间正在一分一秒流逝。悲观本质上是不切实际的，因为它让你在还没有发生，并且也不一定会发生的事情上浪费了时间，它阻碍了你完成应该完成的事情。有人说；生活就是一面镜子，你对它哭它亦哭，你对它笑它亦笑。快乐是一天，不快乐也是一天，为什么不乐观、快乐地度过每一天呢？

8. 笑看阳光和蓝天

红橙黄绿青蓝紫，七彩人生，各色不同；酸甜苦辣咸，五种味道，各有所好；喜怒哀乐悲恐惊，七种情感，品之不尽。人生亦是如此。当你怒不可言时，一定要学会缓和自己的怨气，用平和的心态去面对，因为除了眼泪，还有阳光和蓝天，用你的微笑去面对，你的微笑，使人想起吐会发现其实生活别有一番滋味。

多彩的人生有着多彩的微笑，老人的微笑，使人想起放着余香的晚菊；孩子的微笑，使人想起滚动在花骨朵上晶莹的露珠。人生的微笑是捡拾不尽的，像洒落在金色沙堆上斑斓的贝壳，像镶嵌在清幽碧空璀璨的星星……

“生气与微笑的距离就在一念之间”

生气和微笑对人来说都是情感的流露，但是它们对一个人来说有

着非常不同的意义，它们也是人们对一个人、一件事所抱的态度，然而它们的距离其实只是一念之隔。

嘲笑我们，讥讽我们，瞧不起我们的人，虽然让我们很愤怒，很生气，但是，转个念想想，他们不正是我们一生中难得的贵人吗？要不是他们的嘲笑、讥讽，我们可能还在原地踏步、虚度光阴……把你的怨气变成和气，以一付云淡风轻的模样应对所有的刁难，微微扬起你的嘴角，为我们烦恼的心情开辟出另一番安详。

佛语有言，一念成佛，一念成魔。佛与魔，不过人一念之间。要想成为一个不会时刻生气的人，你就要审视自己的念头，看清楚在你心中升起的这个念头是正面思考还是负面思考。比如你在大街上碰到你的上司，当你朝他微笑，冲他打招呼，而他却视而不见，匆匆走过去。正面思考是：上司没有看见我，没有听见我和他打招呼。负面的思考是心中七上八下，猜测上司不理睬自己的原因。如：“他不愿在大街上和我说话”，“最近我做了什么事情得罪了他”等等。

其实你足可以对自己微笑一下，那时你的思想就会朝好的方面想，负面的想法就会自动消失。而根据研究，正面思考可以提升记忆力与解决问题的能力，因而创造更多成功，而引发更多正面的思考，形成一个快乐成功的正循环，这就是微笑的魔力。负面思考会造成记忆力减退、解决问题的能力降低，引发更多负面思考，造成更多失败的结果，而形成忧郁的情形。

生气和快乐有时候只为了一句话，一个态度，一个微笑……微笑着生气，以一付云淡风轻的模样应对所有的刁难，微笑不仅可以带给别人真诚的关怀和善意，又可以让自己生活在愉悦温暖的人群中。

生活中不可缺少微笑，缤纷的生活更需缤纷的微笑。人生有得亦有失，得志时，微微一笑，不忘形，便有了一种深沉的内涵；失意时，微微一笑，不气馁，便多了一份大度洒脱。道路平坦又曲折，平坦时微微一笑，继续赶路，不奢望永远都是一帆风顺；坎坷时，微微一笑，奋起直追，不相信人生尽是迈不过的砍；收获爱情时，微微一笑，回味一下有情人终成眷属的个中三昧；棒打鸳鸯时，微微一笑，进行一次天涯何处无芳草的“心理按摩”；与人有隔阂时，微微一笑，一笑泯恩仇；被人误解时，则微微一笑天地宽……

在生气与微笑之间，请选择微笑，如果生气可以解决问题的话，那就没必要生气了，如果生气不可以解决问题的话，那就更没有必要生气了，别因为一时之气，而说让朋友受伤的话，做伤害朋友的事，这样既伤害朋友，也伤害自己，正所谓得不偿失。

在纷乱复杂的大千世界中，事物都是瞬息万变的，不可能事事都能够尽美，不可能件件都很顺心，不尽人意的事总会时有发生。人非圣贤，孰能无过？如果你正处在一种愤怒之中，或者是处于一种激动的心情之中，那么你将会做出许多傻事。遇到这种情况，要神智清醒。即使是伪装——也要微笑。

黑夜里，有一个强盗敲开了一家房门，拿着刀准备抢劫。开门的是位妇女，她看见强盗，先是一惊，但马上镇定下来，微笑着说：“先生，你是来推销刀的吧，请进来坐一坐吧，我给你倒杯水喝。”强盗被主人的热情和微笑所感化了，于是他放弃了抢劫的念头，并且从那以后改邪归正。

微笑可以创造奇迹。你刚咧开嘴，脑海里立刻浮现出一些愉快的事，所有器官从准备战斗的状态中获得解决。感情是很有感染力的，我们一定要相信，愤怒会引来愤怒，而微笑则会回报微笑。

“用微笑对待生气，你开心所以我快乐”

上辈子千百次的回眸，才换来今的擦肩而过。所以你我他之间的相遇，不是用来生气的。所以，当你要与别人吵架的时候，一定要记得你们的相遇，不是用来生气的！还是把微笑常挂在脸上，给自己也给对方，你快乐所以我也快乐。

微笑有不可估量的魅力，不可预测的力量！微笑是豁达在脸上绽放的花朵，是宽容在眼里迸发的深情，既能安慰对方因失误而愧疚的心，还能够让对方对你心存感激，而且能够得到对方的信任和尊重。同时你自己也不会因为发怒而伤害到身体，能够保持自己心态的平和宁静，何乐而不为呢？

曾经有一位非常喜爱兰花的禅师，在平日弘法讲经之余，花费了许多的心思在寺院中栽种了一大片兰花。

有一天禅师心血来潮，要外出云游一段时间，临行前他交代弟子，要好好照顾寺里的兰花，然后拂尘离去。在这段期间，弟子们总是细心照顾兰花。但有一天在浇水时却不小心将兰花架碰倒了，所有的兰花盆都跌碎了，兰花散了满地。弟子们都因此非常恐慌，打算等师父回来后，向师父赔罪领罚。

禅师云游回来，得知此事以后，便召集弟子们，不但没有责怪，反而微笑着说道："我种兰花，一来是希望用来供佛，二来也是为了美化寺庙环境，不是为了生气而种兰花的，所以，大家也不必太自责了。"闻言，弟子们顿时松了一口气。

是微笑还是生气也就取决于人们的心态，如果每天你想的都是新的一天，新的开始，新的人生路，那还会有怨气吗？还会生气吗？

人们常说，生活像一面镜子，你对它微笑与生气都会还之以微笑与生气，也许我们有时候会看到一面晃动的镜子，晃动中看不清自己，始终只能看到一个颠簸着的人影在忽喜忽悲。于是我们便在烦躁中斜视了别人的镜子，不小心瞄到自己的身影，遥遥地看，客观的看，在对比中迷失自己，没注意距离角度的不同，结果都会大相径庭。

也许在别人眼里，镜子中的我们也是他们眼中最美丽最令人羡慕

的那道风景。生活的隐形规则大概就是这样，所以请释然那些悲伤与怨气，我们不是为了生气而读书的，我们不是为了生气而工作的，我们不是为了生气而交朋友的，我们不是为了生气而做夫妻的，我们不是为了生气而生儿育女的，生气只会伤心、伤肝、伤肾又伤肠胃，微微扬起你的嘴角吧！为我们烦恼的心情开辟出另一番安详。生活中，生气是不可避免的，但生活中除了眼泪还有阳光和蓝天。

9. 走出悲观的阴霾

悲观是青少年心理成长的一块绊脚石，是青少年的一个致命缺陷，是通向成功的一大障碍。心理学上指出，悲观是人自觉言行不满而产生的一种不安情绪，它是一种心理上的自我指责、自我的不安全感和对未来害怕的几种心理活动的混合物。它由精神引起，但还会影响到组织器官，引起相关的一些心理及生理疾病，如焦虑、神经衰弱、气喘不接等等。于是人们都教育悲观的人要乐观，要积极，否则的话将会葬送自己的一生。青少年正处在学习知识、走向成熟、人格发展的黄金阶段，如果被悲观心理所控制的话，其未来是不堪设想的。

遮住阳光的悲观心理

生活中有很多的青少年都存在着悲观的心理。一般表现为发生一件事后做自我检查，总结不足，找出不足的原因，从而在以后的行动中作积极的调整。就这一点来说，人人都会有悲观时候，它是一个人进步的催化剂。但极端的悲观却是心理不健康的表现，会严重影响到青少年的生活。

德国心理学家朗恩斯曾说过：“过多的积极想法容易给人误导，让人在仍需奋斗的时候，却认为已经胜券在握。”而事实上，悲观的青少年，眼光总是专注在不可能做到的事情上，到最后他们只看到了什么是没有可能的。但乐观者所想的都是可能做到的事情，由于把注意力集中在可能做到的事情上，所以往往能够心想事成。

有一对性格迥异的双胞胎，哥哥是悲观主义者，弟弟则是个乐天派。他们升入中学那年的圣诞节前夕，父亲想对自己的双胞胎儿子进行一次“性格改造”，就为他们准备了不同的礼物：给哥哥的礼物是一辆崭新的自行车，给弟弟的礼物则是满满的一盒马粪。哥哥拆开那个巨大的盒子，竟然哭了起来：“你们知道我不会骑自行车！而且外面还下着这么大的雪!”父亲叹了口气，却发现乐观的弟弟正兴高采烈地在马粪里掏着什么。“告诉你，爸爸。”他得意洋洋地向父亲宣称，“我想马粪堆里一定还藏着一匹小马呢!”悲观者与乐观者的根本区别不在环境，而在于思维方式和人生态度的不同。

其实在现实生活中，经常认为自己“反正就只能这样了”的青少年往往能取得优异的成绩。因为在这种“破罐子破摔”的精神之后，隐藏着另一种想法就是：“那再试一次也没什么大不了的。”然而，积极的心态也好，消极的心态也罢，青少年享受着青春的美好，最后成功的关键还是在于如何找到信念和激励自己的方法，然后坚持不懈，努力奋斗，最终会取得成功。因此，有悲观心理的青少年，不要再悲观，要知道悲观的性格与心理是不积极的，会一步步遮住你的阳光生活。记住：在这个世界上，人所处的绝境，在很多情况下，都不是生存的绝境，而是一种精神的绝境；只要你的精神上垮下来，外界的一切都不能把你击倒。

如何走出悲观的阴霾

悲观心理是青少年的一种严重的不健康心理，对他们身心的危害极大。必须进行适当调适，走出情绪低谷，培养乐观的人生态度。那么如何进行调适呢?

1. 努力让自己拥有积极、乐观的心态。越担惊受怕就越悲观。因此，一定要懂得积极态度所带来的力量，要坚信希望和乐观能引导你走向胜利。即使处境危难也要寻找积极因素，这样，你就不会放弃争取微小胜利转机的努力。你越乐观，你克服困难的勇气就越会倍增。并且培养乐观、开朗、豁达、洒脱的性格对自己也是终身有益的。乐观是希望之花，能赐给人以力量。大凡乐观的人常常自我感觉良好，面对失败有点可贵的“阿 Q 精神”。乐观的人还会时常笑容满面。如果已经忘记了自己的笑容，那请照一照镜子，学着再去温习一下微笑的感觉吧。要知道，悲观不是天生的。像人类的其他态度一样，悲观不但可以减轻，而且通过努力还能转变成一种新的态度，这就是乐观。

2. 转移注意力。悲观的人当遇到情绪扭转不过来的时候，不妨暂时回避一下。及时打破静态体验，比如欣赏欢快轻松的曲子，让音乐的旋律在内心激发起新的积极情感体验，从而转换原来悲观消极的感受。同样，选择性地看场电影，散散步，和同学打打球，和朋友交流谈心等等，都能够把人的情绪带到另外一种状态。这个时候，不要总是将目光盯着消极面，自怨自艾或怨天尤人。

3. 以幽默的态度来接受现实中的失败。只要能以幽默的态度来接受现实中的失败，既不要被逆境困扰，也不要幻想出现奇迹，脚踏实地，坚持不懈，就会发现自己到处都有一些小的成功，这样，自信心自然也就增长了。另外，有幽默感的人，才有能力轻松地克服厄运，排除随之而来的倒霉念头。

4. 试着和乐观的同学交往。有悲观心理的青少年就在闲暇时间，多和乐观的人交往，做朋友，观察他们的行为。通过观察培养起你的乐观态度，乐观的火种会慢慢地在你内心点燃。同时，在这个过程中，逐渐的学习他们的思考模式，看待事物的态度等，从而不断的改变自己的认知和心态。而且，和乐观的人在一起，也容易感受到更多的积

极乐观情绪，对于从悲观的情绪中走出来，也是大有助益的！另外，还要热心去同别人交往，不要制造人际隔阂。当别人在背后说自己的坏话，或者轻视、怠慢自己时，就要净化自己的诚意，不回避对方，拿出豁达的气度，主动表示友好。这样做是最有利于个人心理健康的方式。

5. 为自己制定一个有意义且可行的目标。为了使自己的明天更美好，就必须好好学习，掌握生存本领。你会为了达到这个目标，而去做更多的事。有的事情不会做，就要认真学习。学习是为了使自己的人生更精彩，学习是为了使自己的人生更有意义。也就是说，青少年在为了能实现这个目标情况下，就会充满信心，而没有精力去想一些消极的事情。另外一点就是，青少年的耐性较差，所以最初的计划要比较易于实现，需要的时间、精力比较少。如果这个过程所需要的时间和精力太多，在你对什么都不感兴趣的情况下，你半途而废的可能性比较大，悲观心理还会滋生。

6. 投身大自然。只要有闲暇的时间，就让自己投身于大自然的怀抱中。多到外面走走，旅游等。当漫步在林阴大道或站在山顶呐喊的时候，就会发现心绪突然变得宁静了，自然的色彩给人带来心理上的快意。因为，外界的景物往往会给个体带来宁静和轻松的心情。所以，有悲观心理的青少年平时应该试着离开屋子走向自然。

每个青少年都完全有理由让自己的青春变得更丰富、更充实、更美好，因为产生悲观心理的原因往往不在于别人而是在于你自己，因为快乐是你自己的一种感觉，并不是由别人来控制和决定的。因此，青少年不但要让自己的青春远离悲观，更要让自己的一生远离悲观，从而使自己的心灵走出“低谷”。